Michaela Bergmann
Materialien und Kopiervorlagen
zur Klassenlektüre

Sigrid Zeevaert

Weiberkram?

Hase und Igel®

Inhalt

www.hase-und-igel.de
Lektorat: Birgit Fürst
Satz: Margit Kick
Illustrationen: Johann Brandstetter
Druck: Himmer AG, Augsburg

ISBN 978-3-86760-427-7

Das Buch

Drei Schwestern sind echt die Hölle, findet Jasper. Gern verbünden sich Lina, Marie und Sofie gegen ihn und spielen ihm Streiche. Als einziger Junge in der Familie hat er gegen diese weibliche Übermacht meistens keine Chance. Gut, dass er wenigstens seinen Freund Ben hat und Jan und Pille, die auch zum „magischen Viereck“ gehören. Zusammen verbringen die Jungen viel Zeit auf dem Fußballplatz und träumen von einer Karriere als Profis.

Doch dann kommt plötzlich die erste Liebe ins Spiel. Zunächst ist es Pilles Bruder Tilman, der sich für Jaspers Schwester Lina zu interessieren beginnt. Dann zeigt sich Ben Mädchen gegenüber gar nicht so abgeneigt und schließlich ist es Jasper selbst, der sich zum ersten Mal verliebt. Wie die Kinder mit den Irrungen und Wirrungen der ersten Liebe zurechtkommen, wird von Sigrid Zeevaert lebensnah und mit viel Situationskomik erzählt.

Im Grundschulalter finden Kinder das andere Geschlecht oft doof, doch besonders im Laufe der 4. Klasse beginnt sich das zu wandeln. Mädchen und Jungen fangen an, sich füreinander zu interessieren, wenn auch noch heimlich. So trifft das Buch den Kern dieses präpubertären Alters: Jasper und seine Freunde befinden sich an der Schwelle zwischen Abneigung und erstem Interesse gegenüber Mädchen. Eigentlich wollen die Jungen mit dem „Weiberkram“ nichts zu tun haben und die Mädchen sind auch lieber unter sich, aber allmählich werden erste zarte Bande geknüpft. Zunächst beobachtet Jasper dies mit Argwohn, aber dann verliebt er sich in Bele, die Freundin seiner Schwester Marie.

Die Geschichte ist aus der Perspektive von Jasper erzählt, sodass der Leser seine Gefühle hautnah miterleben und nachvollziehen kann: seinen Ärger über die weibliche Übermacht zu Hause, die Zweifel, ob er sich Bele nähern soll, und auch die ersten Schmetterlinge im Bauch, die sich bald nach dem ersten Treffen einstellen. Dies spricht die Schüler besonders an, da es Gefühle widerspiegelt, die sie in diesem Alter selbst durchleben.

Das Buch behandelt außerdem die Veränderungen, die jeder Jugendliche im Laufe der Pubertät durchläuft, und greift das erste heimliche Interesse an Liebe und Sexualität auf. Somit ist es auch ideal dazu geeignet, auf den Komplex „Familien- und Sexualerziehung“ behutsam einzugehen. Im Sinne eines fächerübergreifenden Arbeitens können diese lehrplanrelevanten Themen, die viele Schüler vielleicht als peinlich empfinden, während der Lektüre quasi „nebenbei“ erörtert werden. Das Buch bietet dazu viele Gesprächsanlässe. So können sich auch schüchterne Schüler öffnen und zu diesen Themen äußern, da sie augenscheinlich nicht über ihre Gefühle, sondern über Jasper sprechen.

Das Material

Das Unterrichtsmaterial gliedert sich in den didaktischen Teil und die daran anschließenden Kopiervorlagen. Im Lehrerteil finden Sie zu jedem Abschnitt eine Zusammenfassung des Inhalts, Gesprächs- und Schreibanlässe zu den Themen im Buch, Anmerkungen und Lösungen zu den Arbeitsblättern und weiterführende Ideen für Ihre Unterrichtsgestaltung.

Die Kopiervorlagen (ab Seite 19) sind für die Hand der Schüler gedacht und können weitgehend selbstständig bearbeitet werden. Die Kinder setzen sich auf vielfältige und kreative Weise mit dem Gelesenen auseinander, erfassen den Handlungsverlauf und stellen ihr Textverständnis unter Beweis. Daneben werden auch einzelne sprachliche Aspekte, wie Begriffe aus der Fußballsprache oder Konjunktionen, genauer unter die Lupe genommen.

Für die Altersstufe gut verständliche Informationstexte, beispielsweise zum Briefgeheimnis, sorgen für eine vertiefte Auseinandersetzung mit dem Text und verschaffen den Schülern Hintergrundwissen.

Außerdem bietet das Buch zahlreiche Möglichkeiten, behutsam Themen der Familien- und Sexualerziehung aufzugreifen. So diskutieren die Schüler über weit verbreitete Rollenattribute und setzen sich mit geschlechterspezifischen Erwartungen auseinander. Sie erfahren, welche Veränderungen in ihrem Körper während der Pubertät vorgehen, und lernen das entsprechende Fachvokabular kennen. Auch die Entstehung und Entwicklung eines Babys wird thematisiert.

Schließlich recherchieren die Schüler in einer kurzen Projektphase zum Thema „Berühmte Liebespaare“ und präsentieren ihre Ergebnisse. Einige Spielideen, die auch „Nichtfußballern“ den Spaß an diesem Sport nahebringen können, runden den Band ab.

Das Material eignet sich zum Einsatz in der Frei- oder Wochenplanarbeit ebenso wie für die gemeinsame Bearbeitung im Plenum. Sinnvoll ist sicherlich eine Mischform aus beidem. Ein vor Beginn der Unterrichtssequenz erstellter Arbeitsplan, in den eingetragen wird, welche Aufgaben gemeinsam bearbeitet werden und welche die Schüler in Einzel- oder Gruppenarbeit lösen können, erleichtert die Individualisierung und Differenzierung. Ein solcher

Plan kann leicht auf die Fähigkeiten und Interessen einzelner Schüler angepasst werden. So können für leistungsschwächere Kinder Aufgaben gestrichen oder zur Bearbeitung mit der Lehrkraft bzw. mit anderen Schülern vorgesehen werden.

Das Buch ist zur besseren Übersichtlichkeit in fünf Sinnabschnitte gegliedert, die zugleich eine entsprechend strukturierte Behandlung der Lektüre im Unterricht nahelegen.

1. bis 3. Kapitel: Jasper und der Weiberkram
4. bis 6. Kapitel: Geheimnisvolle Post
7. bis 9. Kapitel: Liebe und andere Schwierigkeiten
10. bis 12. Kapitel: Der erste Kuss und Liebeskummer
13. bis 15. Kapitel: Freudige Erwartungen

In der Kopfleiste jeder Kopiervorlage zeigen Symbole an, welche Arbeitstechniken auf der betreffenden Seite zum Tragen kommen. Dies ermöglicht einen schnellen Überblick.

Vor der Lektüre

Wenn Sie fächerverbindend im Sachunterricht die Themen „Familien- und Sexualerziehung“ behandeln möchten, sollten Sie vorab die Eltern darüber informieren. Dies kann an einem Elternabend oder mittels eines Briefes geschehen. Wenn Sie die Eltern vor Beginn der Beschäftigung mit dem Buch informieren, geben Sie ihnen die Möglichkeit, zunächst selbst im Sinne ihrer eigenen Auffassungen und Überzeugungen mit ihren Kindern zu sprechen. Stellen Sie ihnen das Buch und die Materialien vor, die Sie im Unterricht einsetzen möchten. Klären Sie die Eltern auch über die Ziele, Inhalte und Formen der Sexualerziehung auf, wie Sie sie in der Klasse durchführen möchten. Es wäre schön, wenn die Eltern Fragen, die ihr Kind während dieser Unterrichtssequenz zu Hause stellt, offen beantworten und ihm so wichtige Orientierungshilfen geben würden.

Ziel und Aufgabe der Sexualerziehung ist es, die Schüler ihrem Alter und Reifegrad entsprechend in gebotener Zurückhaltung mit den Fragen der Sexualität vertraut zu machen. Dazu gehört

- die Förderung der Persönlichkeitsentwicklung,
- die Erziehung zu Toleranz, Achtung und gegenseitiger Rücksichtnahme und damit die Vorbereitung auf eine verantwortliche und gleichberechtigte Partnerschaft,
- die Erziehung zur Verantwortung gegenüber dem ungeborenen Leben und
- die Vermittlung von sachlichen Kenntnissen über die biologischen Grundlagen der Sexualität und über die Vorgänge während der Pubertät.

Die Sexualerziehung in der Grundschule ist nur eine erste, behutsame Einführung in die Fragen der menschlichen Sexualität und eine die Familienerziehung unterstützende und ergänzende Erziehung. Es sollen nur Grundlagen für spätere, ausführlichere Informationen gelegt werden. Aber es sollen auch keine Fragen der Schüler zurückgewiesen werden. Wichtig für eine behutsame Sexualerziehung ist eine angemessene Sprache. Deshalb sollten Fachausdrücke und sachlich richtige Begriffe eingeführt und verwendet werden.

Da die Geschichte von Jasper sehr lebensnah und altersgemäß direkt aus der Perspektive des Kindes erzählt wird, dürfte es nicht schwerfallen, Schüler für diese Lektüre zu begeistern. Dazu sollte zunächst die Hauptfigur vorgestellt werden: ein etwa elfjähriger Junge, der mit drei Schwestern aufwächst und mit dieser weiblichen Übermacht oft Probleme hat. Sicher regt dies die Schüler bereits zu ersten Äußerungen an.

Die Gesprächsanlässe zum ersten Abschnitt können als weitere Impulse eingesetzt werden, damit sich die Kinder mit dem Buch auseinandersetzen. Sie entwickeln Neugierde, wie die Geschichte mit Jasper und seinen Schwestern wohl weitergeht, und sind sicher motiviert, mit der Lektüre fortzufahren.

Jasper und der Weiberkram
1. bis 3. Kapitel

Inhalt

Jasper wächst mit seinen drei Schwestern Lina, Marie und Sofie auf. Als einziger Junge in der Familie hat er es oft schwer. Sein Verbündeter gegen die „weibliche Übermacht" ist sein bester Freund Ben. Mit ihm träumt er von einer Karriere als Fußballstar.

Jaspers Schwestern machen sich mit ihren Freundinnen einen Spaß daraus, Jasper als Frau zu verkleiden und ihn zu schminken. Die Eltern schreiten zwar ein, aber der unangenehme Parfümgeruch hängt Jasper noch lange nach, sodass er Rache schwört. Er schaut sich heimlich im Zimmer seiner Schwestern um und nimmt Maries Porzellantänzerin aus dem Schrank. Beim Spielen macht er die Tänzerin versehentlich kaputt. Weil er sich unbeobachtet fühlt, stellt Jasper sie einfach wieder zurück. Seine jüngere Schwester Sofie wurde jedoch Augenzeugin seines Malheurs und protestiert gegen sein Verhalten. Für eine Tüte Gummibärchen verspricht sie aber Stillschweigen.

Als Jasper mit Sofie die Gummibärchen kaufen will, wird seine Schwester von einem großen Hund angefallen. Jasper schreitet ein und hilft Sofie. Für diese Heldentat lässt er sich gern feiern, bis die kaputte Porzellantänzerin entdeckt und Jasper als Schuldiger ausgemacht wird. Er muss sich bei Marie entschuldigen und ihr eine neue Figur kaufen. Jasper fühlt sich ungerecht behandelt und wünscht sich eine Familie ohne Schwestern.

Gesprächs- und Schreibanlässe

Jasper wünscht sich weit weg. Auf den Mars oder auf die Milchstraße.
- Hast du dich auch schon einmal weit weg gewünscht? In welcher Situation? Wohin?
- Was weißt du über den Mars und die Milchstraße?
- Welche Planeten kennst du noch?

Jasper findet, dass er nett ist.
- Was versteht er unter „nett sein"?
- Hältst du dich auch für ein „nettes Kind"? Warum?
- Was macht „nett sein" aus?

Jasper hat oft Schwierigkeiten mit seinen drei Schwestern.
- Hast du Geschwister? Sind es Schwestern oder Brüder? Was findest du besser?
- Findest du es gut, Geschwister zu haben? Oder streitet ihr oft?
- Wenn du keine Geschwister hast: Hättest du gern welche? Warum (nicht)?
- Wünschst du dir auch manchmal wie Jasper eine andere Familie?

Jasper hat ein Zimmer für sich allein. Seine drei Schwestern teilen sich ein Zimmer.
- Wie findet Jasper diese Aufteilung? Für wen würde er Platz in seinem Zimmer schaffen?
- Wie beschreibt Jasper das Zimmer seiner Schwestern?
- Wie sieht dein Zimmer aus?
- Hast du auch ein Zimmer für dich allein? Hättest du gern einen Raum nur für dich?
- Was ist schön daran, ein eigenes Zimmer zu haben? Was ist nicht so schön?

Jasper hat ganz hinten im Kopf „eine Sammelstelle für besondere Angelegenheiten".
- Was meint er damit?
- Was hältst du davon? Gibt es in deinem Kopf auch so eine Sammelstelle?

Jasper langweilt sich an einem regnerischen Nachmittag.
- Was macht er? Was würde er machen, wenn es nicht regnen würde?
- Was machst du an einem regnerischen Nachmittag?

Jasper schleicht sich heimlich ins Zimmer seiner Schwestern, sieht sich um und öffnet Schubladen.
- Warum macht Jasper das? Findest du das in Ordnung?
- Kennst du den Begriff „Privatsphäre"? Was ist damit gemeint?

- Hast du auch schon einmal heimlich die Privatsphäre von jemand anderem verletzt?
- Wie fühlt es sich an, wenn man etwas Verbotenes macht?
- Wie würdest du es finden, wenn jemand in dein Zimmer gehen würde?

Jasper sieht im Zimmer der Mädchen in den Spiegel und überlegt, wie er wohl später aussehen wird.

- Wie siehst du wohl einmal aus? Was wirst du machen, wenn du erwachsen bist? Wo wirst du leben? Wirst du eine Familie haben?
- Wie wird das Leben in der Zukunft sein? Welche Dinge werden wohl zu deinem Alltag gehören? Kannst du dir neue Maschinen vorstellen, die du in Zukunft benutzen wirst?
- Schreibe einen Tagesablauf mit der Überschrift: „Mein Alltag im Jahr 2030“.

Jasper hat beim Spielen Maries Porzellantänzerin kaputt gemacht und will seinen Fehler verheimlichen.

- Hast du auch schon einmal aus Versehen etwas beschädigt, das jemand anderem gehört? Oder hat jemand ein Spielzeug von dir kaputt gemacht?
- Hast du versucht, deinen Fehler zu verheimlichen? Ist dein Fehler entdeckt worden? Wie denkst du über so ein Verhalten?

Jasper soll Marie eine neue Porzellantänzerin kaufen.

- Hältst du diese Strafe für angemessen?
- Darf sich Marie statt der Tänzerin auch eine Reiterin wünschen? Würdest du ihr diese Figur kaufen?

Hinweise zu den Kopiervorlagen

KV Seite 19

Jasper und seine Familie

Die Kopiervorlage kann zur Förderung des Textverständnisses im Anschluss an das erste Kapitel eingesetzt werden. Die Schüler benennen die Personen auf dem Familienfoto und festigen so ihr Bild von den handelnden Personen. Die Einteilung von richtigen und falschen Aussagen setzt genaues, sinnentnehmendes Lesen voraus. Das Lösungswort dient der Selbstkontrolle. Auch die Beantwortung der Frage nach Jaspers Opfer für einen Bruder überprüft das Textverständnis.

Lösung

Aufgabe 1:

Aufgabe 2:

	richtig	falsch
Jasper nimmt es seinen Eltern übel, dass er drei Schwestern hat.	(R)	N
Seine Schwestern heißen Sofie, Lina und Isabell.	L	(E)
Jasper ist ein Junge, der sich so schnell nicht unterkriegen lässt.	(D)	P
Er würde alles tun, um einen Bruder zu bekommen.	(U)	S
Ben ist der beste Freund von Lina.	A	(R)
Nicht einmal der Regen kann Jasper davon abhalten, Fußball zu spielen.	J	(B)

Das Lösungswort lautet: BRUDER.

Aufgabe 3:

Jasper würde einem Bruder die hintere Ecke seines Zimmers freiräumen, ihm Gruselgeschichten erzählen, ihm seine alten Lastautos schenken, ihm das Fußballspielen, Klettern, Verstecken und Fremde-Reviere-Ausspionieren beibringen.

KV Seite 20

Die Verkleidungsaktion

Mithilfe der Kopiervorlage wird der Streich aufgearbeitet, den die Mädchen Jasper spielen. Dieser Streich ist für das Textverständnis wichtig, da er deutlich macht, wie Jasper zeitweilig unter der „weiblichen Übermacht“ zu Hause leidet.

Die Schüler rufen sich die Geschehnisse ins Gedächtnis und stellen eine Liste der Dinge auf, die die Mädchen bei ihrer Schminkaktion benutzen. Indem sie Jasper zeichnerisch „verschönern“, wie es die Mädchen getan haben, können sie sich besser in den Jungen hineinfühlen und seine Rachegelüste nachempfinden. Schließlich sollen die Kinder sich eine eigene Meinung über diesen Streich bilden. In Kleingruppen oder in einem Unterrichtsgespräch können die verschiedenen Standpunkte dargelegt werden. Wichtig ist, dass Sie immer eine Begründung für die jeweilige Ansicht einfordern.

Lösung
Aufgabe 1:
Lippenstift, Lidschatten, Puder, Creme, Kleid, Schleier, hochhackige Schuhe, Parfüm, Glitzergel, Haarspangen

Aufgabe 3:
Jasper will ihnen Kröten und Frösche unter die Bettdecke setzen. Er will Nägel, Heftzwecken und Schrauben in ihrem Zimmer verstreuen. Außerdem will er Stinkbomben darin deponieren und alles mit Mayonnaise und Ketchup vollschmieren.

KV Seite 21

Im Zimmer der Schwestern
Um die Schüler zu genauem und sorgfältigem Lesen zu führen, sollen die Gegenstände, die Jasper im Mädchenzimmer findet, identifiziert und der jeweiligen Besitzerin zugeordnet werden. Der Inhalt der Schubladen, die Jasper öffnet, wird gezeichnet. Die Schüler können im Buch auf den Seiten 23/24 nachlesen.

Lösung
Aufgabe 1:
Folgende Dinge müssen durchgestrichen werden:
Fotoapparat, Teddybär, Füller, Puppe, Fußball.

Aufgabe 2:
Rot (Lina): Kopfhörer und CD-Player, BH, Poster eines Popstars
Gelb (Marie): Foto einer Handballmannschaft, Notizblock mit Telefonnummern
Blau (Sofie): angefangenes Puzzle

Aufgabe 3:

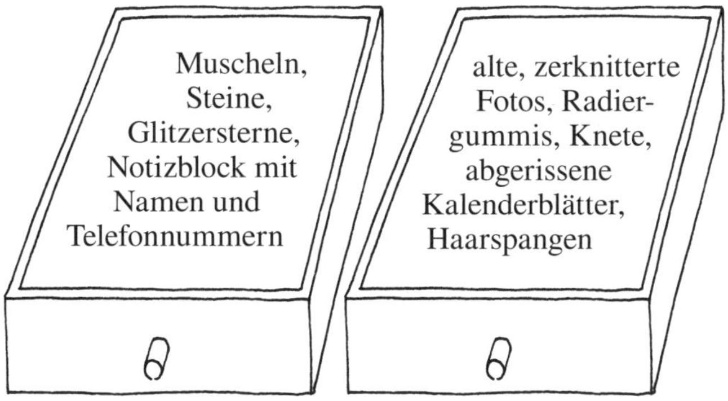

Weiterführende Anregung
Lassen Sie Ihre Schüler „Jasper geht ins Mädchenzimmer“ spielen. In Anlehnung an das bekannte Spiel „Ich packe meinen Koffer“ nennt jedes Kind einen Gegenstand, den Jasper im Zimmer seiner Schwestern findet, und wiederholt zusätzlich alle bereits gefundenen Dinge. Beispiel:
- Jasper geht ins Mädchenzimmer und findet einen Hüpfball.
- Jasper geht ins Mädchenzimmer und findet einen Hüpfball und ein Puzzle.
- Jasper geht ins Mädchenzimmer und findet einen Hüpfball, ein Puzzle und ein Poesiealbum.

Wer einen Gegenstand vergisst oder keinen mehr weiß, scheidet aus. Dieses Spiel fördert Konzentration und Aufmerksamkeit und kann in Kleingruppen, im Sitzkreis oder im Plenum durchgeführt werden. Wenn alle mitspielen sollen, stehen die Schüler zu Beginn des Spiels auf. Wer einen Fehler macht, muss sich setzen. Alternativ lässt sich das Spiel auch als Bewegungspause nutzen: Kinder, die einen Fehler gemacht haben, müssen eine Aufgabe erfüllen, z. B. einmal um den eigenen Stuhl herumlaufen, fünf Hampelmänner oder zehn Kniebeugen machen.

KV Seite 22

Nur für Jungs – nur für Mädchen
Im Zimmer seiner Schwestern entdeckt Jasper einen BH von Lina (vgl. Buch Seite 24). Die Schüler wissen um die Verschiedenheit der Geschlechter und die unterschiedlichen Bedürfnisse, die sich daraus ergeben.

Ohne dass an dieser Stelle näher auf die Veränderungen während der Pubertät eingegangen wird (vgl. Kopiervorlagen Seite 36–38), können hier die unterschiedlichen Interessen von Mädchen und Jungen thematisiert werden. Die Kinder dürfen sich frei äußern und ihre persönlichen Erfahrungen einbringen.

Anknüpfend an die Lektüre, in der Jasper darüber nachdenkt, dass er später einmal einen Bart bekommt und er deshalb Rasierapparat und -schaum benötigen wird, sollen die Schüler bei der ersten Aufgabe Dinge einkreisen, die Frauen und Männer zur Körperpflege benutzen. Da bei Frauen die Rasur auch zur Körperhygiene gehört, ordnen manche Kinder diese Dinge eventuell beiden Geschlechtern zu. Lassen Sie diese Lösung ebenfalls gelten.

Geben Sie den Schülern die Aufgabe, zu Hause passende Bilder aus Zeitschriften oder Katalogen auszuschneiden und sammeln Sie diese dann im Sitzkreis. Die Kinder legen die Bilder auf dem Boden aus und ordnen sie. So kann eine fruchtbare Diskussion entstehen. Anschließend kleben die Kinder ausgewählte Bilder auf das Blatt.

Lösung
Aufgabe 1:
Rot (nur Frauen): BH, Lippenstift, Lidschatten
Blau (nur Männer): Rasierschaum, Rasierapparat
Grün (Frauen und Männer): Shampoo, Duschgel, Haargel, Deo, Zahnbürste

Weiterführende Anregung
Jasper ist das einzige Kind in der Familie, das ein eigenes Zimmer hat. Sicher hat er es sehr persönlich eingerichtet, denn er musste sich mit keinem Geschwisterkind darüber verständigen. Die Schüler machen sich Gedanken darüber, wie sie ihr Traumzimmer einrichten würden. Was dürfte auf keinen Fall fehlen? Sie können ihre Überlegungen in Zeichnungen, Grundrissen oder Collagen darstellen und sie ihren Klassenkameraden präsentieren.

KV Seite 23

Ein Blick in den Spiegel
Die Anfertigung eines Selbstporträts leitet die Schüler dazu an, sich auf kreative Weise mit der eigenen Person auseinanderzusetzen. Sie überlegen sich, mit welchen Dingen, Hobbys und Interessen sie sich am besten identifizieren können. Diese Gedanken setzen die Kinder anschließend in eine eigene Bildsprache um.

Um die Methode einsichtig zu machen, können Sie einzelne Motive der Schüler auf Folie kopieren, sodass sie gemeinsam auf dem Projektor arrangiert werden können. Die Kinder erkennen so, dass sie beim Zusammenstellen des Porträts nicht zu schnell vorgehen, sondern mehrere Versionen ausprobieren und sich Zeit lassen sollen, um ein gutes Ergebnis zu erzielen.

Weiterführende Anregung
Es bietet sich an, im Kunstunterricht die Betrachtung und Analyse eines Werkes von Giuseppe Arcimboldo (1527–1593) durchzuführen. Dieser Künstler ist berühmt für seine Stillleben aus Gemüse, Obst und Blumen, die zugleich Porträts sind. 1591 fertigte er von Kaiser Rudolf II. ein Porträt als ertruskisch-römischer Gott Vertumnus an. Auf den ersten Blick erkennt man nur eine Anordnung von verschiedenen Blumen sowie Feld- und Gartenfrüchten. Diese fügen sich dann zu einem Porträt mit den Gesichtszügen von Rudolf II. zusammen. Vertumnus ist der römische Gott des Wandelns und der Veränderung. Dies wird allegorisch angedeutet durch die Veränderungen der Vegetation im Ablauf eines Jahres.

Die Schüler analysieren die Darstellung möglichst genau. Sie identifizieren die Früchte und Blumen und machen sich Gedanken, warum diese zur Darstellung einzelner Körperteile gewählt wurden. Die Kinder können auch versuchen, eine Kopie des Bildes in seine Einzelteile zu zerschneiden und dann zu rekonstruieren oder anders zusammenzusetzen.

KV Seite 24

Die Porzellantänzerin
Die Schüler lesen im Buch nach und sammeln die wichtigsten Informationen über Maries Porzellanfigur. Sie fassen zusammen, warum sie Marie so viel bedeutet, zeichnen die Figur nach den Angaben aus dem Buch und vollziehen die Situation, in der Jasper das Missgeschick passiert, genau nach. So kann ihr Textverständnis überprüft und gesichert werden.

Anschließend setzen sie sich mit Jaspers Reaktion auf sein Missgeschick auseinander. Es ist wichtig, dass Kinder über ein Repertoire sozial akzeptabler Verhaltensweisen verfügen. Diese erwerben sie in der Interaktion mit Gleichaltrigen, aber auch das Lernen am Modell spielt hierbei eine große Rolle. Im Unterrichtsgespräch äußern die Schüler verschiedene Meinungen. Anschließend können Möglichkeiten der Wiedergutmachung gesammelt werden.

Lösung
Aufgabe 1:
Onkel Franz hat Marie die Figur geschenkt. Als sie nach einer Operation aus der Narkose aufwachte, stand die Porzellantänzerin neben ihrem Bett.

Aufgabe 3:

6	Sie fliegt über den Stuhl und den Tisch und das Knautschkissen.
2	Die Tänzerin fliegt quer durch die Luft.
4	Die Tänzerin fliegt an Linas Bett vorbei.
7	Sie fliegt direkt Richtung Himmel und Weltall.
3	Jasper trägt die Tänzerin dreimal um die Lampe herum.
5	Sie fliegt über das Dach von Sofies Puppenhaus hinweg.
1	Jasper geht mit der Tänzerin zum Tisch und lässt sie hochspringen.

KV Seite 25

Vorsicht, bissiger Hund!

Sofie wird von einem fremden Hund angefallen (vgl. Buch Seite 29/30). Knüpfen Sie an diese Textstelle an: Was hat Sofie falsch gemacht? Hat sich der Hundebesitzer richtig verhalten? Wie verhält man sich am besten gegenüber fremden Hunden? Sicher kennen die Schüler bereits einige Verhaltensregeln, z. B. dass man fremde Hunde nicht ohne Weiteres streicheln darf.

Auf dem Arbeitsblatt sind einige Verhaltensregeln aufgeführt, die die Kinder richtig ergänzen sollen.

Die letzte Aufgabe fordert die Schüler auf, ein Warnschild zu zeichnen. Hier kann auf den Fachbereich „Sprache untersuchen“ ausgeweitet werden, indem man den Unterschied zwischen Sprach- und Bildzeichen thematisiert. So können einzelne Gruppen ein Sprach- und andere ein Bildzeichen als Warnschild entwerfen. Auch auf die Farbsymbolik bei Warnschildern können Sie eingehen.

Lösung

Aufgabe 1:

Fremde Hunde darfst du nicht anfassen. Das gilt besonders, wenn der Hund gerade frisst. Frage immer zuerst den Hundehalter, ob du den Hund streicheln darfst.

Kommt ein Hund auf dich zu, bleib einfach ruhig stehen. Wegrennen fördert den Jagdtrieb des Hundes. Außerdem kannst du ein Wettrennen nie gewinnen.

Wirkt ein Hund aggressiv, dann ignoriere ihn und starre ihm keinesfalls in die Augen. Das stellt in der Hundesprache eine Drohgebärde dar. Rede beruhigend auf den Hund ein und zieh dich langsam zurück.

Aufgabe 2:

Sofie schreit und rennt vor dem fremden Hund davon.

KV Seite 26

Ein Familienstreit

Die Szene, in der die kaputte Porzellantänzerin entdeckt wird, eignet sich gut zur szenischen Gestaltung. Anhand der Regieanweisungen können die Kinder die schauspielerische Umsetzung selbstständig in Kleingruppen üben und dann ihren Mitschülern vorspielen.

Als weiterführendes Angebot überlegen die Schüler, wie sich Jasper bei seiner Schwester entschuldigen könnte. Was könnte er konkret sagen? Wie könnte Marie reagieren? Nach einem Vorgespräch im Plenum setzen die Kinder in Kleingruppen die Szene fort. Dabei können sie sich beim Aufschreiben an die Vorlage halten und den „Drehbuchstil“ übernehmen.

Nachdem die Gruppen das Rollenspiel eingeübt haben, spielen sie es der Klasse vor. Die verschiedenen Versionen sollten verglichen und diskutiert werden.

Geheimnisvolle Post
4. bis 6. Kapitel

Inhalt

Widerwillig besorgt Jasper als Wiedergutmachung für Marie eine neue Porzellanfigur.

Zusammen mit seinen Freunden träumt er von einer glanzvollen Karriere als Fußballprofi. Bei einem wichtigen Spiel sehen Jaspers Familie und auch Bele zu. Der Junge gibt sich viel Mühe, verletzt sich aber und kann nicht mehr mitspielen. Traurig und enttäuscht muss Jasper zusehen, wie seine Mannschaft verliert.

Pille bittet Jasper um einige Informationen über dessen Schwester Lina, da sich sein älterer Bruder Tilman offenbar in sie verliebt hat. Jasper fungiert als Bote: Er übergibt Lina ein Päckchen und leitet einen Brief von Lina an den geheimnisvollen Päckchenverschicker weiter. Jasper kann seine Neugierde nicht im Zaum halten, er öffnet heimlich die Post und wird so Zeuge der Annäherung zwischen Lina und Tilman. Auch Jasper erhält Post. Anna-Lena teilt ihm mit, dass sie ihn süß findet, was den Jungen aber nicht sehr beeindruckt.

Jaspers Freund Ben ist niedergeschlagen: Seine Eltern streiten immer öfter und wollen sich sogar trennen.

Gesprächs- und Schreibanlässe

Jasper und seine Freunde träumen davon, später Fußballprofis zu werden.

- Wie stellst du dir das Leben als Fußballprofi vor?
- Wärst du auch gern ein Fußballprofi? Denkst du, dass so ein Leben einfach ist?
- Was möchtest du einmal werden? Wie stellst du dir diesen Beruf vor? Warum würdest du ihn wählen?

Jasper, Ben, Pille und Jan sind das „magische Viereck“. Sie versprechen sich ewige Treue und gegenseitige Hilfe.

- Woher kommt der Begriff „magisches Viereck“? Was hat er mit dem wichtigsten Hobby der Jungen zu tun? (Zusammenspiel der vier Jungen beim Fußball; in An-

lehnung an das „magische Dreieck“ beim VfB Stuttgart oder beim SV Sturm Graz in den 1990er-Jahren.)
- Gehörst du auch zu einem Club?
- Kennst du aus anderen Büchern ähnliche Banden (z. B. Die drei ???, Fünf Freunde, Die wilden Hühner)?

Pilles Bruder Tilman schickt Jaspers Schwester Lina ein Päckchen, weil er sie nett findet.
- Wie findest du das?
- Hast du auch schon einmal einen Brief oder ein Päckchen von einem Unbekannten bekommen? Wie würdest du das finden?

Jasper erzählt Lina nicht, von wem das Päckchen ist.
- Hättest du Lina den Absender verraten?
- Es gibt Geheimnisse, die man für sich behält, und andere, die man besser verrät. Finde Beispiele für solche unterschiedlichen Geheimnisse.

Ben sagt: „Hauptsache man hat so eine Art Familie. Wer genau dazugehört, spielt doch eigentlich keine Rolle.“
- Wer gehört zu deiner Familie?
- Welche Arten von Familien gibt es (z. B. Einelternfamilie, Einkindfamilie, Patchworkfamilie)?
- Was macht eine Familie aus?

Hinweise zu den Kopiervorlagen

KV Seite 27

Fußballsprache

Fußball ist nicht nur Jaspers Lieblingssport, bestimmt gibt es auch in Ihrer Klasse viele fußballbegeisterte Kinder. Die Sprache beim Fußball ist geprägt von speziellen Redewendungen und sprachlichen Bildern, die es auf dem Arbeitsblatt zu übersetzen gilt.

Sprechen Sie mit den Kindern über weitere Sportarten, die sie mögen. Ermitteln Sie mithilfe einer einfachen Strichliste an der Tafel die beliebtesten Sportarten in der Klasse. Wenn Sie das Thema vertiefen möchten, können Sie Expertengruppen bilden, die in kleinen Vorträgen ihre Lieblingssportart vorstellen. Anhand von Bildern und Zeichnungen erklären die Schüler die wichtigsten Regeln, stellen Profispieler vor oder erzählen von ganz persönlichen Erfolgen.

Lösung

Aufgabe 1:
1. Ben und Jasper spielen als Stürmer.
2. Jasper tut so, als würde er nach rechts laufen. So kann er seinen Gegenspieler abschütteln.
3. Die gegnerische Mannschaft erzielt ein Tor.

Aufgabe 2:

Auf dem Spielfeld formieren sich die Spieler.	Der Torwart fliegt durch die Luft und wehrt den Ball mit seinen Fäusten ab.
Die Spieler tasten sich ab.	Die Heimmannschaft konnte einfach kein Tor erzielen.
Der Schiedsrichter gibt den Ball frei.	Die Mannschaften stellen sich auf dem Feld auf.
Das Tor der Gäste war regelrecht zugenagelt.	Der Schiedsrichter pfeift und lässt dann weiterspielen.
Mit einer Glanzparade faustet der Torwart den Ball weg.	Beide Mannschaften versuchen, die Stärken und Schwächen des Gegners herauszufinden.

KV Seite 28

Mein Fußball-Lexikon

Die Kopiervorlage vertieft das Thema „Fußball“ und greift einige Fachbegriffe auf, die auch in der Lektüre vorkommen. Zunächst müssen die einzelnen Wörter den korrekten Erklärungen zugeordnet werden. Sie können kleine Teams mit jeweils einem „Fußball-Experten“ bilden, die diese Aufgabe zusammen lösen. Anschließend basteln die Kinder ihr Fußball-Lexikon.

Das Büchlein kann durch weitere Seiten ergänzt werden. Die Schüler sammeln andere Begriffe und verfassen Erklärungen, die anschließend auf Kärtchen im richtigen Format übertragen und in das bestehende Lexikon integriert werden. Alternativ können die Lexikonseiten vergrößert kopiert als Fußball-Kartei im Klassenzimmer zur Verfügung gestellt werden. Die Schüler erweitern diese Kartei je nach Belieben.

Anregungen, wie Sie das Thema „Fußball“ auch im Sportunterricht aufgreifen können, finden Sie auf den Seiten 47/48.

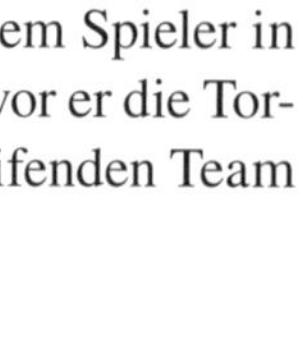

Lösung

Abseits: Darin befindet sich ein Spieler, wenn er angespielt wird und er der gegnerischen Torlinie näher ist als der Ball und der vorletzte Gegenspieler.

Ecke: Wird verhängt, wenn der Ball von einem Spieler in der eigenen Hälfte zuletzt berührt wurde, bevor er die Torauslinie überquert. Der Ball wird vom angreifenden Team von der Eckfahne aus ins Spiel gebracht.

Einwurf: Wenn der Ball das Spielfeld über eine Seitenlinie verlassen hat, wird er von einem Spieler des Teams, das den Ball nicht zuletzt berührt hat, wieder zurück ins Spielfeld geworfen.
Elfmeter: Wird verhängt, wenn ein Spieler im eigenen Strafraum den Ball mit der Hand berührt oder einen Gegenspieler foult.
Flanke: Hereingeben des Balles aus dem Bereich einer der beiden Seitenlinien.
Foul: Regelwidriges Verhalten im Spiel, z. B. treten, schlagen, stoßen, schubsen, festhalten, anrempeln oder auch Bein stellen.
Freistoß: Vom Schiedsrichter verhängte Bestrafung bei unsportlichem Verhalten (Foul) oder anderen Regelverstößen.
Kopfball: Ein Spieler spielt den Ball mit seinem Kopf.

KV Seite 29

Das ist Lina

Die Schüler schreiben eine Textstelle, die in indirekter Rede verfasst ist, in der wörtlichen Rede auf. Die Begriffe helfen dabei, wesentliche Informationen, die die Lektüre nicht gibt, zu ergänzen.

Die Kinder machen sich dann Gedanken darüber, was jemand über sie erzählen könnte. Der Text über Lina kann dabei Orientierung bieten.

Schließlich kann ein Gespräch darüber angeregt werden, wie die Schüler es bewerten, dass Jasper so bereitwillig Auskunft über seine Schwester gibt. Dass andere hinter ihrem Rücken über sie reden, ist ein häufiger Konfliktgrund bei Kindern und Heranwachsenden, denn oft werden nicht nur positive Informationen weitergegeben. Thematisieren Sie dieses Problem und lassen Sie es von den Schülern kritisch bewerten.

Beispiellösung
Aufgabe 1:
Meine Schwester heißt Lina und ist 14 Jahre alt. Sie ist tierlieb und kann gut singen. Sie geht in die Realschule. Lina hat eine Narbe am Knie, weil sie beim Inlineskaten mal gestürzt ist. Sie ist ungefähr 1,60 m groß. Himbeerbrause mag sie sehr gern und sonntags schläft sie gern lang.

Weiterführende Anregung
Die Texte, die die Kinder über sich selbst schreiben, können ohne Namensangabe als Rätsel verwendet werden. Sie werden in der Klasse vorgelesen und die Schüler raten, um wen es sich dabei handelt. Wenn die Kinder ihre Vermutungen schriftlich festhalten, ist jeder gezwungen, sich mit den einzelnen Beschreibungen genau auseinanderzusetzen und sich Gedanken über seine Mitschüler zu machen. So können die Kinder feststellen, wen sie besonders gut kennen oder auch nur zu kennen glauben.

KV Seite 30

Das geheimnisvolle Päckchen

Die Kopiervorlage prüft die Textkenntnis: Die Schüler malen den Päckcheninhalt und verfassen den zugehörigen Zettel. Darüber hinaus ist ihre eigene Meinung zu Jaspers Verhalten gefragt. Diskutieren Sie über die Standpunkte der Kinder. Als Vertiefung bietet sich die folgende Kopiervorlage an, die wichtige Informationen zum Briefgeheimnis bereitstellt.

Die letzte Aufgabe eignet sich als Hausaufgabe oder zur Differenzierung für schnellere Schüler. Die Kinder versetzen sich in Linas Lage und überlegen, was sie dem Päckchenversender antworten würden.

Lösung
Aufgabe 1:

KV Seite 31

Das Briefgeheimnis

Dass es nicht in Ordnung ist, heimlich die Briefe anderer zu lesen, wissen die Kinder bestimmt. Der Sachtext gibt grundlegende Informationen zum Briefgeheimnis. Die Fragen sichern das Textverständnis. Bereiten Sie die Antworten mit leistungsschwächeren Schülern mündlich vor.

Lösung
Aufgabe 2:
1. Wer einen verschlossenen Brief öffnet, der nicht an ihn adressiert ist, verletzt das Briefgeheimnis. Darunter fallen auch Schriftstücke, die in einer verschlossenen Schublade liegen oder ein Tagesbuch, das mit einem Schloss gesichert ist.
2. Erwachsene werden mit einer Freiheitsstrafe oder einer Geldstrafe bestraft.
3. Kinder bis 14 Jahre sind nicht strafmündig. Sie können nicht vor Gericht gestellt und verurteilt werden. Trotzdem kann das Jugendamt eine Akte anlegen, in der die Straftaten verzeichnet sind. Außerdem kann es Erziehungsmaßnahmen anordnen. Bei Jugendlichen zwi-

schen 14 und 18 Jahren gibt es eine Verhandlung vor einem Jugendgericht.

4. Kinder dürfen die Post oder die Tagebücher ihrer Eltern nicht ohne Erlaubnis öffnen.
5. Auch Eltern dürfen die Post ihrer Kinder nicht lesen, außer sie haben den Verdacht, dass ihr Kind Post von Leuten bekommt, die sie betrügen oder zu Straftaten anstiften.

Weiterführende Anregungen

- Es bietet sich an, das Bilderbuch „Die Geschichte vom Löwen, der nicht schreiben konnte“ von Martin Baltscheit zu lesen. Es handelt von einem Löwen, der sich verliebt hat und seiner Angebeteten einen Brief schreiben will. Da er nicht schreiben kann, bittet er verschiedene Tiere um Hilfe, womit er aber nicht zum erwünschten Ziel kommt.
  Bilderbücher sind in jeder Jahrgangsstufe eine gute Grundlage für Gespräche und Diskussionen. Sowohl die Illustrationen als auch die Geschichte regen dazu an, sich mit den dargestellten Problemen auseinanderzusetzen und einen eigenen Standpunkt zu finden.
- Im Fachbereich „Texte verfassen“ können Sie weiterführend das Thema „Briefe schreiben“ behandeln. Dazu gehören die formalen Merkmale eines Briefes (Datum, Anrede, Absätze, Schlussformel) und die korrekte Beschriftung des Kuverts (Absender und Empfänger, jeweils mit Name, Straße, Postleitzahl und Ort).
- Aus leeren Schuhkartons können die Schüler ganz einfach Briefkästen basteln, indem sie in den Deckel jeweils einen Schlitz schneiden. Die Gestaltung der Briefkästen bleibt der Fantasie der Besitzer überlassen. Die Schüler können Zeichnungen anfertigen oder Fotos und Bilder aus Zeitschriften aufkleben. So kann innerhalb der Klasse ein reger Briefwechsel entstehen.

KV Seite 32/33

Geheimalphabet

Um zu verhindern, dass ein Bote eine geheime Botschaft liest, kann man sie verschlüsseln. Nach dem Prinzip der Verschlüsselungstechnik von Julius Cäsar basteln die Kinder eine Chiffriermaschine, mit der es möglich ist, immer neue Verschlüsselungen anzuwenden.

Geben Sie den Schülern ausreichend Gelegenheit, mit der Verschlüsselungsmaschine zu experimentieren und sich gegenseitig codierte Botschaften zu schicken.

Weiterführende Anregung

Mit bestimmten Flüssigkeiten kann man geheime Botschaften „unsichtbar“ aufschreiben. Dazu zählen Zitronensaft, Milch, Essig oder Zwiebelsaft. Diese Flüssigkeiten benutzt man als Tinte und schreibt damit auf weißes Papier. Sobald die Tinte getrocknet ist, wird der Text unsichtbar. Um die Botschaft lesen zu können, muss der Empfänger das Blatt vorsichtig mit einem Bügeleisen oder an einer Lampe erwärmen. Dadurch wird der Text braun und lesbar.

KV Seite 34

Eine Geschichte weiterschreiben

Die Geschichte, die Jaspers Deutschlehrerin vorliest, soll hier ausformuliert und fortgesetzt werden. Die Stichpunkte helfen den Schülern, nichts Wichtiges zu vergessen, da das Wesen der Geschichte, wie sie im Buch beschrieben wird, erhalten bleiben soll. Gleichzeitig bietet der Plot genug Freiraum für eigene Ideen.

Liebe und andere Schwierigkeiten
7. bis 9. Kapitel

Inhalt

Ben leidet unter den Streitereien seiner Eltern und macht sich Sorgen, dass seine Mutter die Familie verlassen könnte. Jasper kümmert sich um seinen Freund und lädt ihn ein, bei ihm zu übernachten. Da Jaspers Eltern ins Theater gehen, sind die Jungen mit den drei Schwestern allein zu Hause. Lina geht mit Tilman, in den sie offenbar bis über beide Ohren verliebt ist, Eis essen. Auch Ben hat Gefallen an Lina gefunden und Jasper merkt, dass er Bele mag.

Am nächsten Tag will das „magische Viereck“ gemeinsam angeln, aber Ben taucht nicht auf. Die Gespräche der drei Jungen kreisen nur um ein Thema: Mädchen. Auch am Abend kann Jasper Ben nicht erreichen, er beginnt sich Sorgen zu machen. Schließlich meldet sich Ben und teilt seinem Freund mit, dass seine Mutter ausgezogen ist.

Gesprächs- und Schreibanlässe

Die Mutter von Bele sitzt im Rollstuhl.

- Versuche dir vorzustellen, wie es ist, wenn man im Rollstuhl sitzen muss. Was kann man nicht mehr so leicht machen? Bei welchen Dingen braucht man Hilfe?
- Wie ist es wohl, eine Mutter zu haben, die im Rollstuhl sitzt? Kannst du dir vorstellen, was das für Bele bedeutet? Ist Bele wirklich „arm“, wie Sofie sagt?

Jasper freut sich, dass Ben bei ihm übernachten darf, obwohl seine Eltern am Abend nicht zu Hause sind. Ihm fällt eine Menge ein, was sie tun könnten.

- Warst du schon einmal abends allein daheim? Was hast du gemacht?
- Übernachtest du auch gern bei Freunden? Warum gefällt dir das?

Lina macht sich für ihre Verabredung mit Tilman hübsch.

- Was macht sie alles?
- Für welche Gelegenheiten machst du dich besonders schön? Was machst du dann?

Tilman und Lina gehen Eis essen. Als Lina zurückkommt, ist sie sehr fröhlich und hört gar nicht mehr auf zu lächeln.

- Jasper bemerkt gleich, „dass es mit ihnen passiert“. Was meint er damit?
- Was empfinden Lina und Tilman wohl? Wie ist es dazu gekommen?

Bens Eltern streiten sich oft. Auch Jaspers Eltern streiten ab und zu.

- Wie empfindet Ben die Streitereien seiner Eltern?
- Was denkt Jasper darüber?
- Wie kann man sich nach einem Streit entschuldigen? Wie kann man sich wieder versöhnen?

Sofie ist traurig, weil Jasper Fische gefangen und getötet hat.

- Wie empfindet Jasper das Töten der Fische?
- Was macht er, um sein schlechtes Gewissen beim Essen zu beruhigen?
- Wie denkst du darüber?
- Weißt du, was ein Vegetarier ist? Was ist der Unterschied zu einem Veganer? Kennst du jemanden, der so lebt?

Ben erzählt Jasper, dass seine Mutter ausgezogen ist.

- Wie fühlt sich Ben wohl?
- Was könnte Jasper sagen, um Ben zu trösten?

Hinweise zu den Kopiervorlagen

KV Seite 35

Typisch Mädchen – typisch Junge?

Diese Kopiervorlage kann als Grundlage für ein angeregtes Unterrichtsgespräch dienen. Die Schüler ordnen die vorgegebenen Begriffe zu Aussehen, Eigenschaften und Vorlieben den Kategorien „Typisch Mädchen“ bzw. „Typisch Junge“ zu. Sicher sind die Kinder hinsichtlich der Zuordnung einiger Kärtchen unterschiedlicher Meinung, sodass eine fruchtbare Diskussion über Rollenbilder und -klischees entstehen kann.

Weiterführende Anregungen

- Zur Reflexion darüber, was die Schüler als typisch für die beiden Geschlechter empfinden, können Akrostichons angefertigt werden. Dafür werden die Begriffe MÄDCHEN bzw. JUNGE in Großbuchstaben untereinandergeschrieben. Anschließend suchen die Schüler passende Begriffe, die mit den jeweiligen Buchstaben beginnen, und notieren diese daneben.
- Die Schüler versuchen, sich in das jeweils andere Geschlecht hineinzuversetzen und eine Geschichte mit dem Titel „Wenn ich einen Tag ein Junge / ein Mädchen wäre …“ zu schreiben. Zur Einführung bietet es sich an, eine Fantasiereise durchzuführen: Die Schüler begegnen einem Zauberer, der es ihnen ermöglicht, für einen Tag in das andere Geschlecht zu schlüpfen.

Familien- und Sexualerziehung in der Grundschule

Die Themen „körperliche Entwicklung“ und „Fortpflanzung“ werden in dem Buch sehr kindgemäß behandelt. Daher bietet es sich an, die Bereiche der Sexualerziehung, die der Lehrplan fordert, einzubinden. Da die Sexualerziehung aber in erster Linie Aufgabe der Eltern ist, sollten diese über die Ziele, Inhalte und die Form vorab informiert werden (vgl. Hinweise auf Seite 4).

Während der Unterrichtssequenz sind behutsame und wertfreie Gespräche sowie eine offene Grundhaltung Ihrerseits Voraussetzung dafür, dass die Schüler sich auf die Thematik einlassen können. Mitunter hilft es auch, die Schüler zu Beginn des Gesprächs gemeinsam „auskichern“ zu lassen. Ein Satz wie „Jetzt lachen wir mal alle zusammen, dann brauchen wir für den Rest der Stunde nicht mehr zu kichern“ kann Hemmungen und Spannungen abbauen helfen, die bei den Schülern sicherlich vorhanden sind.

Die Kinder sollen nicht zu Äußerungen genötigt werden. Gleichzeitig sollten Sie aber auf alle Anmerkungen und Fragen so eingehen, dass sich die Schüler ernst genommen fühlen.

KV Seite 36/37

Wir verändern uns – Vom Jungen zum Mann / Vom Mädchen zur Frau

Auf diesen beiden Kopiervorlagen werden die körperlichen Veränderungen während der Pubertät erklärt. Die Schüler setzen sich mit den für das jeweilige Geschlecht spezifischen Veränderungen auseinander und füllen die Lücken mit den passenden Begriffen. Es ist wichtig, dass die Mädchen und Jungen über die Veränderungen beider Geschlechter informiert werden. Gehen Sie aber dabei auf die Befindlichkeiten der Schüler ein und sprechen Sie eventuell zunächst mit Mädchen und Jungen getrennt. Dadurch können manche Hemmungen vermieden werden, sodass die Kinder sich im weiteren Verlauf der Unterrichtssequenz eher öffnen können und fruchtbare Gespräche innerhalb der gesamten Klasse möglich werden.

Lösung Seite 36

Der Körper eines Jungen verändert sich während der Pubertät: Im Gesicht wächst ein Bart und die Körperbehaarung nimmt insgesamt zu. Auch in den Achselhöhlen und im Schambereich wachsen Haare.
Zu den männlichen Geschlechtsmerkmalen gehören der Penis, die Samenleiter und die Hoden, die im Hodensack liegen.
Mit Beginn der Pubertät produzieren die Hoden ständig Samenzellen. Ist eine bestimmte Menge Samen vorhanden, werden diese über den Samenleiter zum Penis transportiert und über die Harnröhre ausgeschieden. Das nennt man Samenerguss. Bei Jungen in der Pubertät passiert dies häufig im Schlaf. Mit dem Urin, der auch über die Harnröhre ausgeschieden wird, hat das aber nichts zu tun. Vielmehr ist der Samenerguss oft mit einem angenehmen Gefühl verbunden. Nun kann ein Junge Kinder zeugen.
Eine regelmäßige und gründliche Körperpflege ist für alle Jungen wichtig, denn am Penis können sich unter der Vorhaut Ablagerungen ansammeln, die durch Waschen entfernt werden können.

Lösung Seite 37

Der Körper eines Mädchens verändert sich während der Pubertät. Die Brüste entwickeln sich und in den Achselhöhlen und im Schambereich wachsen Haare.
Zu den weiblichen Geschlechtsmerkmalen gehören die Brüste, die Scheide, die Eierstöcke, die Eileiter und die Gebärmutter. Die Geschlechtsorgane der Frau liegen vor allem geschützt im Körper.
Außerdem setzt die erste Monatsblutung ein. Nun kann ein Mädchen Kinder bekommen. In den beiden Eierstöcken eines Mädchens reift alle vier Wochen abwechselnd eine Eizelle heran. Durch den Eileiter wandert die Eizelle in die Gebärmutter. Wenn sie nicht befruchtet wird, wird sie mit etwas Blut und der Schicht, die sich in der Gebärmutter zur Versorgung der Eizelle gebildet hat, durch die Scheide ausgeschieden. Da dies ungefähr alle vier Wochen geschieht, nennt man diese Blutung auch Monatsblutung. Andere Ausdrücke sind Periode oder Regel. Das Blut wird mit Binden oder Tampons aufgefangen.
Wenn das Blut außerhalb des Körpers gelangt, kann sich Geruch entwickeln, deshalb ist regelmäßige Körperpflege für Mädchen sehr wichtig.

KV Seite 38

Wenn Kinder erwachsen werden

Anknüpfend an die vorherigen Arbeitsblätter werden die körperlichen Veränderungen während der Pubertät noch einmal thematisiert und erweitert. Durch die Beschriftung des Schaubildes üben sich die Schüler im Umgang mit den korrekten Begriffen und ordnen die Fachausdrücke den entsprechenden Körperteilen zu.

Lösung

Aufgabe 1:

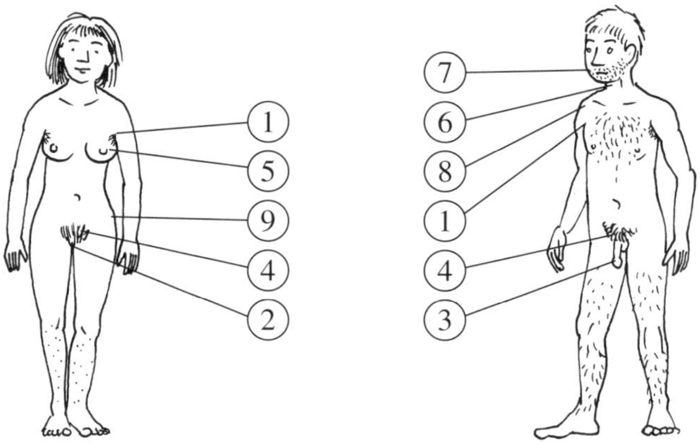

Aufgabe 2:

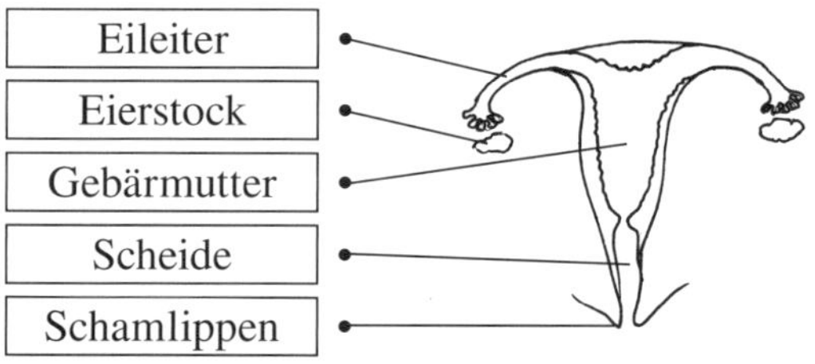

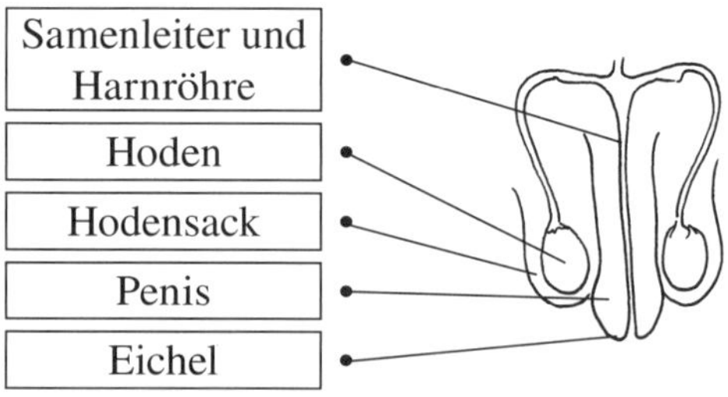

KV Seite 39

Wie ein Kind entsteht

Das Thema „Sex“ wird im Buch explizit angesprochen, daher bietet es sich an, auf altersgemäße Weise darauf einzugehen. Die Kopiervorlage erklärt zunächst, was passiert, wenn Mann und Frau miteinander schlafen. Es wird betont, dass der Geschlechtsakt für beide Partner eine lustvolle Erfahrung ist und dass neues Leben entstehen kann. Erklären Sie den Schülern, dass die Zeugung eines Kindes mit geeigneten Verhütungsmitteln verhindert wird.

Auf den Bildern erfahren die Schüler Näheres über die pränatale Entwicklung. Sie sehen, dass der Embryo stetig wächst und immer mehr wie ein Baby aussieht. Nach ungefähr 40 Wochen ist das Kind so weit entwickelt, dass es den Bauch der Mutter verlassen kann.

Kommentieren Sie die einzelnen Entwicklungsstufen nach dem Sortieren der Bilder:

- 1. Bild: Eizelle und Samenzelle verschmelzen miteinander. Das Ei ist befruchtet.
- 2. Bild: Das befruchtete Ei ist noch winzig, aber die Zellen vermehren sich schnell. Das kann man nur mit einem Mikroskop sehen.
- 3. Bild: Nach ungefähr zwei Monaten hat der Embryo Arme und Beine. Über die Nabelschnur bekommt er alles, was er zum Leben braucht.
- 4. Bild: Nach ca. vier Monaten sind Herz, Gehirn und andere wichtige Organe schon voll ausgebildet.
- 5. Bild: Nach etwa sieben Monaten ist das Kind schon voll entwickelt, bis zur Geburt muss es nur noch wachsen.
- 6. Bild: Wenn nach ungefähr neun Monaten die Geburt beginnt, drücken die Gebärmuttermuskeln das Kind durch die Scheide nach draußen.

Lösung
Aufgabe 2:

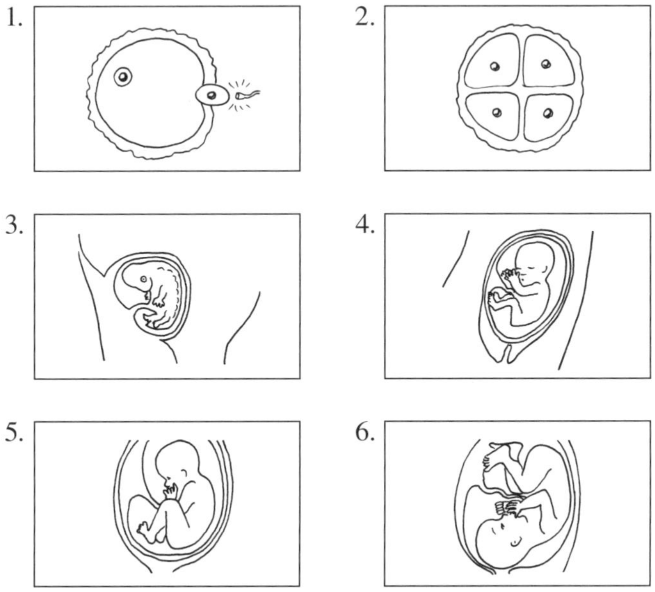

Weiterführende Anregung
Zur weiteren Darstellung der Entwicklung eines Babys im Mutterleib sind die Materialien der Bundeszentrale für gesundheitliche Aufklärung zu empfehlen, besonders das Leporello „Das kleine 9 x 2“, das kostenlos bestellt werden kann.

Der erste Kuss und Liebeskummer
10. bis 12. Kapitel

Inhalt

Jasper kümmert sich sehr aufopferungsvoll um seinen traurigen Freund Ben. Gleichzeitig trifft er Vorbereitungen, um sich seiner heimlichen Liebe Bele zu nähern. Er traut sich dann auch, sie zu besuchen, und beide verbringen einen schönen Nachmittag miteinander. Dabei bekommt Jasper seinen ersten Kuss.

Am nächsten Tag ist Lina todtraurig: Tilman hat Schluss gemacht. Nicht nur Jasper, auch Ben, der heimlich in Lina verliebt ist, versuchen sie zu trösten.

Gesprächs- und Schreibanlässe

Jaspers Familie ist sehr nett zu Ben.

- Was tun sie? Warum machen sie das?
- Hast du durch nette Gesten auch schon einmal versucht, jemanden aufzumuntern? Bist du schon einmal so aufgemuntert worden?

Ben erzählt Lina, dass er einmal Schlagzeuger in einer Band werden will.

- Kannst du dir vorstellen, warum Ben Lina davon erzählt? Warum weiß sein bester Freund Jasper nichts darüber?
- Hast du auch einen Traum, was du später einmal werden willst?

Ben und Jasper stellen sich vor, echte Rockstars zu sein.

- Möchtest du auch gern berühmt werden? Was würdest du tun, wenn du reich wärst? Was würdest du für deine Familie tun?
- Schreibe eine Geschichte mit dem Titel „Mein Leben als Rockstar / Fußballprofi / Schauspieler“.

Anna-Lena lädt Jasper und Ben zu ihrer Geburtstagsparty ein.

- Warum sind die Jungen über die Einladung nicht gerade begeistert? Werden sie wohl hingehen?
- Lädst du Mädchen und Jungen zu deiner Geburtstagsparty ein? Warum? Warum nicht?

Bele zeigt Jasper den Hebekran im Bad.
- Welche Hilfsmittel brauchen Menschen im Rollstuhl wohl noch?
- Welche Hilfsmittel brauchen Menschen mit anderen Behinderungen, z. B. Blinde, Gehörlose?

Hinweise zu den Kopiervorlagen

KV Seite 40

Wer mag wen?
Die Schüler machen sich Gedanken über die Beziehungen zwischen den einzelnen Figuren. Dafür ist es nötig, sich genau mit dem Text auseinanderzusetzen und darüber zu sprechen, welche Gefühle bei wem vorhanden sind und ob diese auch erwidert werden. Während es bei Lina und Tilman ziemlich eindeutig ist, bietet die Beziehung zwischen Jasper und Anna-Lena Diskussionsstoff. Wie können Anna-Lenas, wie Jaspers Äußerungen und Handlungen gedeutet werden?

Indem sich die Schüler Symbole überlegen, machen sie sich über die Qualitäten der einzelnen Beziehungen Gedanken.

Lösung
Aufgabe 2:

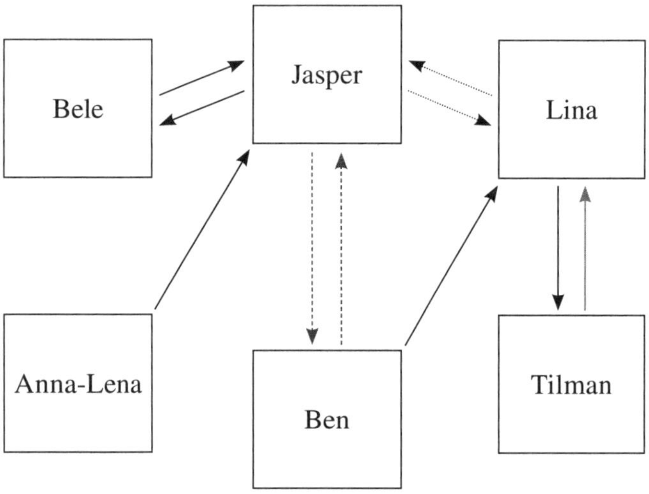

→ Roter Pfeil: … ist verliebt in …
→ Gelber Pfeil: … macht Schluss mit …
→ Blauer Pfeil: … sind Geschwister
→ Grüner Pfeil: … sind Freunde

KV Seite 41

Viele Gefühle
Anknüpfend an die Emotionen, die die handelnden Personen durchleben, werden hier verschiedene Gefühle thematisiert. Kinder haben oft Probleme damit, ihre Gefühle wahrzunehmen und angemessen auszudrücken. Häufig fehlt es schon am entsprechenden Vokabular. Als Medium, um verschiedene Empfindungen fassbar zu machen, werden zunächst Farben verwendet. Die Schüler ordnen unterschiedlichen Emotionen Farben zu. Wichtig ist, dass die Kinder ihre Wahl jeweils begründen, vielleicht auch Situationen schildern, in denen sie sich selbst so gefühlt haben.

Im nächsten Schritt wird ein Gefühlswürfel gebastelt. Die Schüler überlegen sich, welche Körpersprache mit den jeweiligen Gefühlen verbunden ist. Erfahrungsgemäß fällt Kindern sowohl das Erkennen der Gefühle als auch das Darstellen schwer. Das liegt zum einen an der zum Teil noch eingeschränkten Empathiefähigkeit von Kindern im Grundschulalter, zum anderen daran, dass sie oft nicht lernen, starke Gefühle angemessen auszudrücken. Aus diesem Grund ist diese Thematik zur Förderung der emotionalen Intelligenz sehr wichtig. Durch die Vorarbeiten in der ersten Aufgabe fällt es ihnen sicher leichter, die entsprechende Mimik und Gestik zu finden.

Freudige Erwartungen
13. bis 15. Kapitel

Inhalt

Jasper und Bele können sich einige Tage nicht sehen. Jasper wird – wie seine Schwestern – krank und dann sind er und Ben auch noch zu Anna-Lenas Geburtstagsfeier eingeladen. Die beiden erleben dort wider Erwarten eine lustige Party.

Als sich Jasper und Bele treffen, erzählt sie ihm von ihrer Mutter und deren Freund Frieder. Jasper ist sehr verliebt und genießt dieses Gefühl.

Zu Hause haben seine Eltern Neuigkeiten für ihn und seine Schwestern: Seine Mutter erwartet wieder ein Baby. Zunächst weiß Jasper nicht recht, wie er reagieren soll, aber dann freut er sich. Er hätte sogar nichts gegen eine weitere Schwester einzuwenden, weil er Mädchen im Großen und Ganzen doch nicht so übel findet.

Gesprächs- und Schreibanlässe

Als sich Lina übergeben muss, fragt sich Jasper, ob Kummer krank machen kann.
- Was denkst du? Kann man vor Trauer oder Kummer richtig krank werden?
- Welche Krankheiten könnten das sein?

Jasper rechnet auf Anna-Lenas Geburtstagsfeier mit dem Schlimmsten.
- Was könnte ihn dort erwarten?
- Was ist für dich eine schöne Geburtstagsfeier? Was machst du gern an deinem Geburtstag?
- Können Mädchen und Jungen auch zusammen eine schöne Party feiern?

Ben sagt, es sei nichts Besonderes, einem Mädchen beim Flaschendrehen einen Kuss zu geben.
- Hast du schon einmal Flaschendrehen gespielt? Worum ging es bei dem Spiel?
- Würdest du jemandem einen Kuss geben, weil die Flasche auf dich zeigt?

Jasper wartet sehnsüchtig, bis er Bele endlich wiedersehen kann, aber die Zeit will einfach nicht vergehen.
- Kennst du das, dass die Zeit langsamer zu vergehen scheint, wenn man auf etwas wartet?
- In welchen Situationen ging es dir schon einmal wie Jasper?

Jasper bereitet sich gründlich auf sein Treffen mit Bele vor.
- Was würdest du tun, wenn du mit jemandem verabredet bist, den du magst? Würdest du etwas Besonderes anziehen? Warum macht man das?
- Zu welchen Gelegenheiten macht man sich noch besonders schön?

Jasper weiß zunächst nicht, was er sagen soll, als er hört, dass seine Mama ein Baby erwartet.
- Wie würdest du auf eine solche Nachricht reagieren? Hättest du gern noch einen kleinen Bruder oder eine kleine Schwester?
- Was wäre Jasper wohl am liebsten?

Hinweise zu den Kopiervorlagen

KV Seite 42

Auf der „Weiberparty"
Die Geburtstagsparty bietet erneut Gelegenheit, über die Unterschiede und Gemeinsamkeiten der Geschlechter zu sprechen (vgl. Kopiervorlagen Seite 22 und 35). Die Schüler sollen sich zunächst selbstständig damit auseinandersetzen, wie sie die einzelnen Tätigkeiten und Interessen einordnen würden. Dies kann als Grundlage für ein gemeinsames Gespräch dienen. Dabei ist es wichtig, dass die Kinder begründen, warum sie einzelne Zuordnungen vorgenommen haben.

Auch die Frage nach dem Geburtstagsgeschenk kann aus Sicht der Geschlechter diskutiert werden. Rollenverhalten und geschlechtsspezifische Vorurteile sind bereits im Grundschulalter tief verwurzelt, deshalb ist es sinnvoll, dies in verschiedenen Kontexten anzusprechen und kritisch zu hinterfragen.

KV Seite 43

Mach dich bereit!
Die Schüler lesen im Buch nach und kreuzen an, was Jasper macht, um sich auf das Treffen mit Bele vorzubereiten. Das Rätsel prüft so das Textverständnis und gibt durch den Lösungssatz die Möglichkeit zur Selbstkontrolle.

Des Weiteren suchen die Kinder aus einem Gitterrätsel Gegenstände heraus, die wohl ein Mädchen benutzt, um sich auf ein wichtiges Treffen mit einem Jungen vorzubereiten. In diesem Zusammenhang bietet es sich an, kritisch über die Notwendigkeit von Dingen wie Lipgloss zu diskutieren, weil manche Mädchen schon sehr früh beginnen, sich zu schminken.

Lösung

Aufgabe 1:

☒ Er zählt die Stunden bis zu dem Treffen. **Be**
☒ Er verschwindet noch einmal im Bad. **le**
☒ Er putzt sich die Zähne. **mag**
☒ Er übt vor dem Spiegel sein Begrüßungsgesicht. **Eis.**

Der Lösungssatz lautet: Bele mag Eis.

Aufgabe 2:

U	I	H	J	Z	N	L	W	D	U	N	T	L
S	E	T	U	A	A	I	A	E	N	V	N	I
V	U	J	A	H	S	T	T	O	E	E	L	P
Z	L	I	M	N	L	O	R	R	O	A	L	G
H	A	A	R	B	U	E	R	S	T	E	N	L
E	R	T	M	U	H	T	M	V	U	N	N	O
P	N	A	G	E	L	F	E	I	L	E	U	S
N	E	F	A	R	P	L	F	S	A	M	N	S
E	B	L	I	S	E	P	A	R	F	U	E	M
L	K	M	O	T	O	K	N	U	T	R	E	M
C	R	E	M	E	B	U	H	E	R	T	W	T

KV Seite 44

Die richtige Verbindung

In den meisten Lehrplänen werden Konjunktionen in der 4. Jahrgangsstufe als weitere Wortart eingeführt. Die Kopiervorlage bietet dazu Übungsmöglichkeiten. Die Schüler suchen aus dem Text alle Bindewörter heraus und verbinden die vorgegebenen Sätze miteinander. Wiederholen Sie anhand des Textes die Regeln zur Kommasetzung bei Konjunktionen.

Lösung

Aufgabe 1:

Jasper liegt auf dem Wohnzimmersofa. Er hat ein Kissen auf seinem Gesicht und träumt mit offenen Augen. Einen Tag ist es schon her, dass er mit Bele Eis essen war. Vielleicht geht er bald wieder zu ihr und küsst sie, oder sie kommt zu ihm. Jasper wusste nicht, dass es so aufregend ist, wenn man sich verliebt, dass es alles anders macht, irgendwie schön. Er fühlt sich, als fliege er durch die Luft mit unsichtbaren Flügeln und gar nichts könne geschehen, weil Bele da ist und ihn auch mag, weil ihr Arm an seinem sich gut angefühlt hat.

Aufgabe 2:

und, dass, oder, wenn, als, weil

Aufgabe 3:

Jasper liegt auf dem Wohnzimmersofa und träumt vor sich hin.
Er ist überglücklich, weil er mit Bele Eis essen war.
Er fühlt sich, als würde er fliegen, wenn Bele bei ihm ist.
Bele hat ihn im Hausflur geküsst, obwohl er sehr schüchtern war.
Jasper wusste nicht, dass ein Kuss so aufregend sein kann.
Marie ruft: „Mach gefälligst Platz, denn ich will auch auf dem Sofa sitzen!“

Nach der Lektüre

Hinweise zu den Kopiervorlagen

KV Seite 45/46

Berühmte Liebespaare

Die Kopiervorlagen dienen als Grundlage für eine weiterführende Projektarbeit. Fragen Sie die Kinder zunächst, welche berühmten Liebespaare sie kennen, und sammeln Sie die Angaben an der Tafel. In Kleingruppen setzen sich die Schüler dann mit der Geschichte jeweils eines berühmten Liebespaares auseinander. Sie informieren sich mittels eines kurzen Textes und fassen Wichtiges für ihre Mitschüler zusammen. Folgende Leitfragen können bei der Vorbereitung als Hilfe dienen:

- Wer sind die beiden, die sich verliebt haben?
- Woher kennen wir ihre Geschichte? Ist sie wirklich passiert?
- Handelt es sich um eine glückliche oder eine unglückliche Liebe?
- Was ist das Besondere an ihrer Liebesgeschichte?

Geben Sie den Schülern Gelegenheit, sich weiterführend über ihr Liebespaar zu informieren. Sie sammeln geeignete Literatur und recherchieren im Internet. Dadurch lernen die Kinder verschiedene Möglichkeiten kennen, um sich selbstständig Informationen zu beschaffen.

Ziel des Projekts ist es, dass jede Gruppe die Geschichte ihres Liebespaares der ganzen Klasse vorstellt. Eine solche Präsentation kann unterschiedlich durchgeführt werden. Die Schüler können die wichtigsten Informationen auf einem Plakat zusammenfassen. Eine schöne Idee ist die Gestaltung eines Schuhkartons. Darin können Gegenstände oder Bilder gesammelt werden, die für den Verlauf der Geschichte wichtig sind. Es kann auch eine wichtige Szene dargestellt oder ein wichtiger Ort nachgebaut werden. Wie der Karton in die Präsentation einbezogen wird, bleibt den Kindern überlassen.

KV Seite 47/48

Fußball für alle

Die vorgestellten Spielformen schulen Ballkontrolle, Technik und Schnelligkeit und geben Geübten und Ungeübten gleichermaßen die Chance, miteinander Freude am Fußballspielen zu entwickeln. Da die Bandbreite, was die Technik im Umgang mit dem Ball angeht, in Grundschulklassen sehr variieren kann, ist es wichtig, allen Kindern Bewegungserfahrungen zu ermöglichen. Deshalb sollte beispielsweise bei Dribbelspielen möglichst jeder Schüler einen Fußball haben.

Die Übungen sind von Anfängern gut zu bewältigen, bieten aber auch fortgeschrittenen Spielern genügend Anreize. Bei der „Slalomjagd“ können z. B. verschiedene Wege in unterschiedlichen Schwierigkeitsgraden eingebaut werden. „Vier gegen einen“ trainiert vor allem Ballkontrolle und Passtechnik, aber auch Teamfähigkeit.

Da beim „Blitzfußball“ nur jeweils drei Schüler gegeneinander spielen, bietet es den Vorteil, dass nicht nur diejenigen auf dem Spielfeld aktiv sind, die im Verein spielen, sondern dass sich stets alle Mitglieder eines Teams einbringen müssen. Obwohl nur immer sechs Kinder aktiv spielen, ist es dennoch eine sehr intensive Spielform, da erfahrungsgemäß sehr viele Tore fallen, sodass es zu vielen Wechseln kommt.

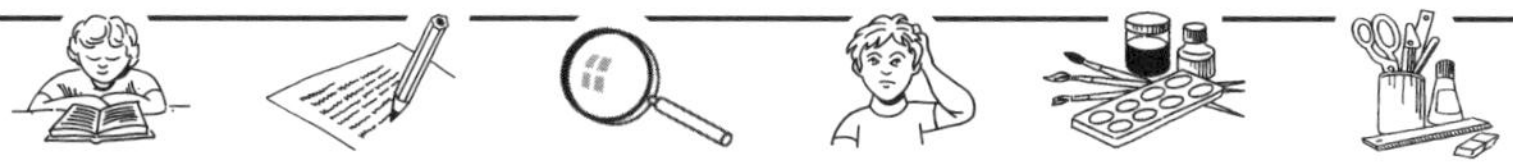

Name:

lesen schreiben forschen rätseln malen basteln

Jasper und seine Familie

Das sind Jasper und seine Familie. Beschrifte die Personen.

Im ersten Kapitel erfährst du einiges über Jasper. Kreise jeweils ein, ob der Satz richtig oder falsch ist. Die Buchstaben ergeben von unten nach oben gelesen ein Lösungswort.

	richtig	falsch
Jasper nimmt es seinen Eltern übel, dass er drei Schwestern hat.	R	N
Seine Schwestern heißen Sofie, Lina und Isabell.	L	E
Jasper ist ein Junge, der sich so schnell nicht unterkriegen lässt.	D	P
Er würde alles tun, um einen Bruder zu bekommen.	U	S
Ben ist der beste Freund von Lina.	A	R
Nicht einmal der Regen kann Jasper davon abhalten, Fußball zu spielen.	J	B

Das Lösungswort lautet: ___ ___ ___ ___ ___ ___.

Jasper wünscht sich einen Bruder. Was würde er alles für ihn machen? Schreibe in dein Heft.

Name:

Die Verkleidungsaktion

Die Mädchen überraschen Jasper mit einer „Verschönerungsaktion“.

Was brauchen sie dazu? Schreibe auf.

Wie sieht Jasper jetzt aus? Male.

Jasper will sich für die Aktion an seinen Schwestern rächen. Wie? Schreibe auf.

War die Verkleidungsaktion lustig oder gemein? Diskutiert darüber. Begründet eure Meinung.

Name:

lesen schreiben forschen rätseln **malen** basteln

Im Zimmer der Schwestern

Jasper sieht sich im Zimmer seiner Schwestern um. Was entdeckt er dort? Streiche falsche Sachen durch.

Kopfhörer und CD-Player	Poesiealbum	Fotoapparat	halb zerrissene Perlenkette
BH	Foto einer Handballmannschaft	angefangenes Puzzle	Tierbilder
Riesen-Hüpfball	Teddybär	Füller	Klamotten
Puppe	Poster eines Popstars	Stofftiere	Fußball
Notizblock mit Telefonnummern			

Wem gehört was? Male aus. Achtung: Einige Dinge kann man nicht eindeutig zuordnen. Lass sie weiß.

Rot: Lina
Gelb: Marie
Blau: Sofie

Jasper öffnet zwei Schubladen. Male, was er dort findet.

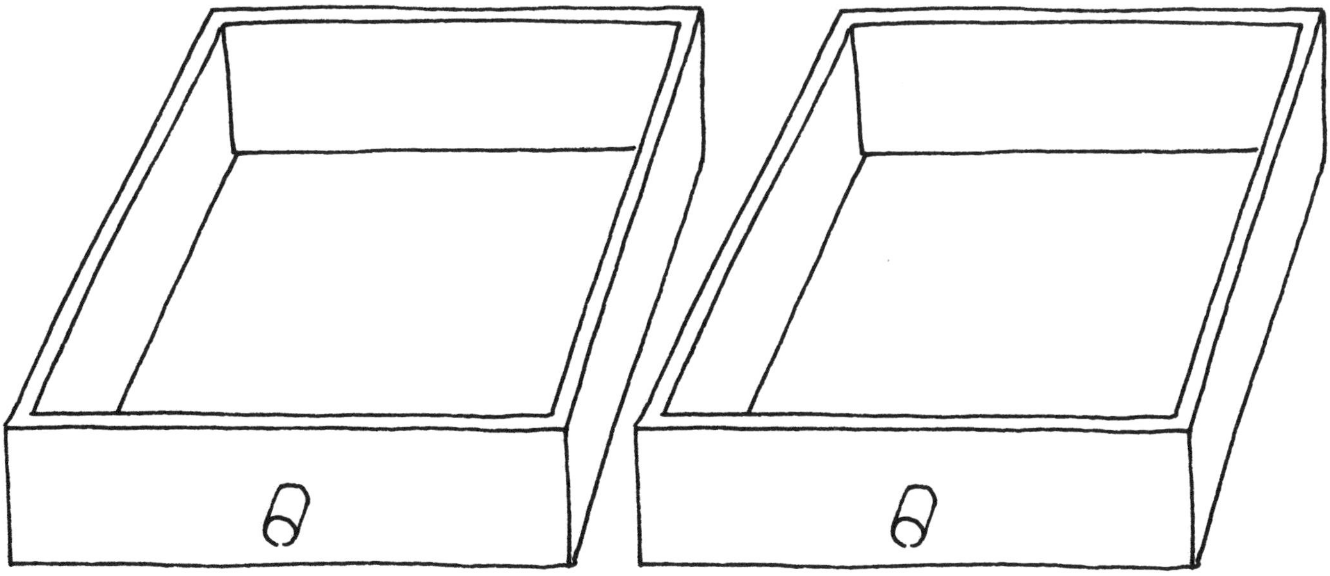

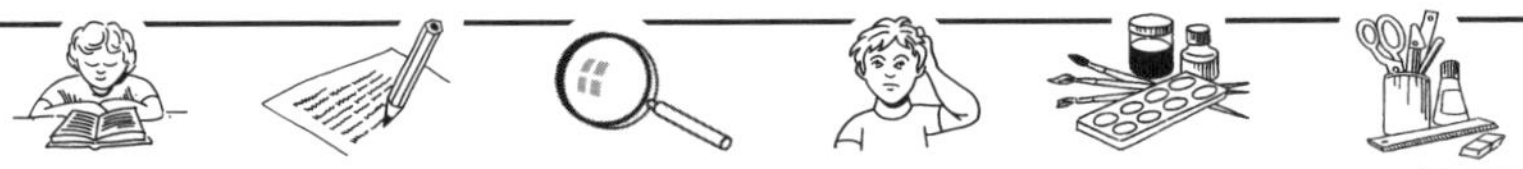

Name:

lesen schreiben forschen rätseln malen **basteln**

Nur für Jungs – nur für Mädchen

Lina hat einen Busen. Jasper bekommt mal einen Bart.

Wer benutzt was? Kreise ein.

Rot: nur Frauen
Blau: nur Männer
Grün: Frauen und Männer

BH Shampoo Rasierschaum

Duschgel Haargel Rasierapparat Deo

Lippenstift Zahnbürste Lidschatten

In einem Mädchenzimmer findet man andere Dinge als in einem Jungenzimmer. Schneide aus Zeitschriften passende Bilder aus und klebe sie ein. Kann man alles eindeutig zuordnen? Sprecht darüber.

Im Mädchenzimmer	Im Jungenzimmer

Name:

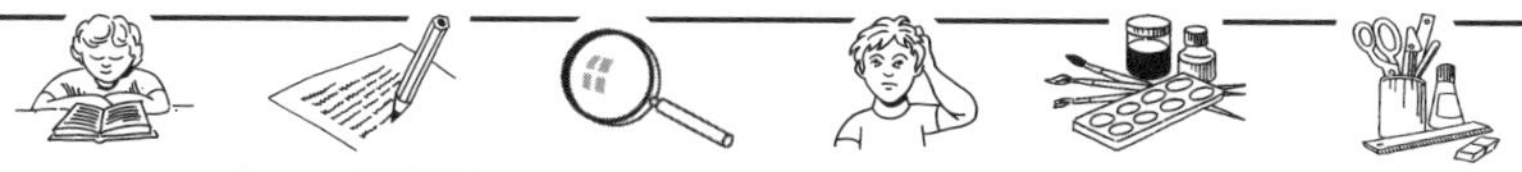

lesen **schreiben** forschen rätseln **malen** **basteln**

Ein Blick in den Spiegel

Jasper betrachtet sich im Spiegel und überlegt, wie er wohl in Zukunft aussehen wird. Mit dieser Seite kannst du ein ganz besonderes Porträt von dir anfertigen.

Du brauchst:

- einen Bleistift
- mindestens drei DIN-A4-Blätter
- Filzstifte, Wasserfarben oder Wachsmalkreiden
- eine Schere
- ein DIN-A3-Blatt
- einen Klebestift

So geht's:

1. Überlege, welche Interessen, Hobbys und Dinge dir besonders wichtig sind. Schreibe mindestens zwölf Begriffe auf.

2. Zeichne diese Dinge zuerst mit Bleistift auf die DIN-A4-Blätter. Male sie dann mit Filzstiften, Wasserfarben oder Wachsmalkreiden an.

3. Schneide die Zeichnungen aus.

4. Lege daraus auf einem DIN-A3-Blatt ein Porträt von dir. Probiere zuerst mehrere Varianten aus, bevor du die einzelnen Teile aufklebst.

Tipp: Grundiere das große Blatt zuerst, bevor du die einzelnen Teile aufklebst. Dafür kannst du einen Schwamm und sehr wässrige Wasserfarbe benutzen.

Name:

lesen **schreiben** forschen rätseln **malen** basteln

Die Porzellantänzerin

Marie bedeutet die Porzellantänzerin viel. Erkläre, warum.

Tipp: Lies auf Seite 25 nach.

Male Maries Porzellantänzerin.

Jasper lässt die Figur durch das Zimmer fliegen. Bringe die Textstreifen mit Zahlen von 1 bis 7 in die richtige Reihenfolge.

	Sie fliegt über den Stuhl und den Tisch und das Knautschkissen.
	Die Tänzerin fliegt quer durch die Luft.
	Die Tänzerin fliegt an Linas Bett vorbei.
	Sie fliegt direkt Richtung Himmel und Weltall.
	Jasper trägt die Tänzerin dreimal um die Lampe herum.
	Sie fliegt über das Dach von Sofies Puppenhaus hinweg.
	Jasper geht mit der Tänzerin zum Tisch und lässt sie hochspringen.

Jasper macht die Porzellantänzerin aus Versehen kaputt. Was tut er dann? Hätte er anders reagieren sollen? Begründe deine Meinung.

Name:

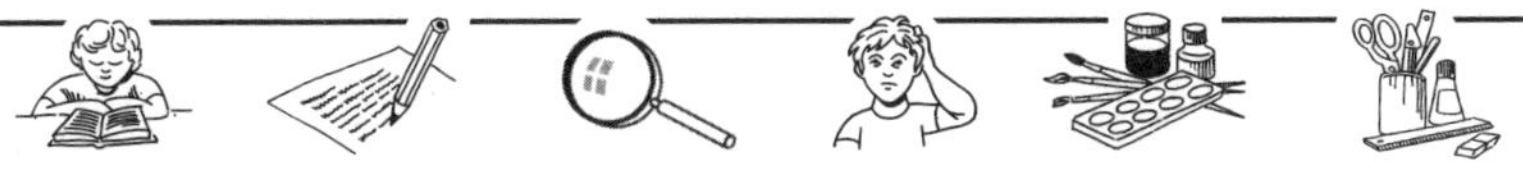

lesen schreiben forschen rätseln malen basteln

Vorsicht, bissiger Hund!

Auf dem Weg zum Kiosk wird Sofie von einem fremden Hund angefallen.

Lies die Regeln zum richtigen Verhalten gegenüber fremden Hunden.
Setze jeweils das richtige Wort ein.

gewinnen | aggressiv | Drohgebärde | Augen | Rede

stehen | frisst | anfassen | Hundehalter | langsam

Fremde Hunde darfst du nicht ______________. Das gilt besonders, wenn der Hund gerade ______________. Frage immer zuerst den ______________, ob du den Hund streicheln darfst.

Kommt ein Hund auf dich zu, bleib einfach ruhig ______________.

Wegrennen fördert den Jagdtrieb des Hundes. Außerdem kannst du ein Wettrennen nie ______________.

Wirkt ein Hund ______________, dann ignoriere ihn und starre ihm keinesfalls in die ______________. Das stellt in der Hundesprache eine ______________ dar. ______________ beruhigend auf den Hund ein und zieh dich ______________ zurück.

Lies noch einmal die Szene im Buch (Seite 29/30) nach.
Was macht Sofie falsch? Schreibe auf.

____

____

Der Hundebesitzer hätte an seinem Zaun ein Schild anbringen können, das vor dem Hund warnt. Entwirf ein solches Schild in deinem Heft.

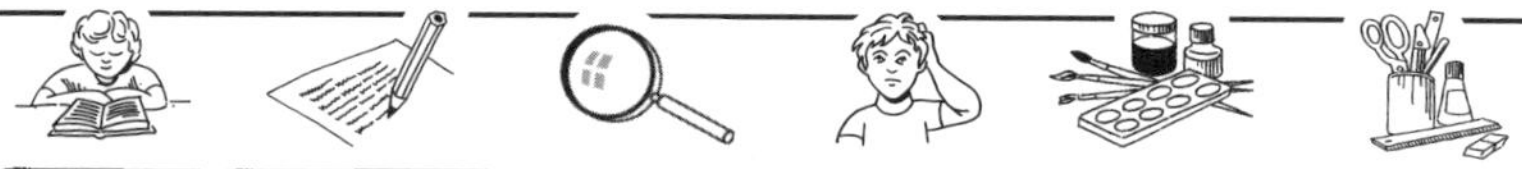

Name:

lesen **schreiben** forschen rätseln malen basteln

Ein Familienstreit

Bildet Sechsergruppen. Lest den Text mit verteilten Rollen. Unterstreicht Wörter, die ihr betonen wollt. Spielt die Szene euren Mitschülern vor.

Marie *(wütend)*	Meine Tänzerin! Meine Porzellantänzerin ist kaputt!
Lina	Wirklich? Lass mal sehen. Tatsächlich, ein Bein ist abgebrochen.
Mama *(überrascht)*	Wie ist denn das passiert?
Papa	Die muss jemand kaputt gemacht haben, schließlich ist ihr das Bein ja nicht von allein abgefallen.
Sofie schaut zu Jasper und presst die Lippen fest aufeinander.	
Papa *(zu Sofie)*	Du weißt nicht zufällig, wie das passiert ist?
Sofie schüttelt den Kopf.	
Lina	Frag doch mal Jasper.
Papa *(zu Jasper)*	Hast du etwas damit zu tun?
Jasper *(verzweifelt)*	Und wenn schon? Genau genommen stand mir das zu. Schließlich konnte ich mich gegen das Parfüm und die Schminke und all diesen Weiberkram auch nicht wehren.
Marie *(verächtlich)*	Pah!
Lina	Das ist noch lange keine Entschuldigung!
Mama	Ich finde, du solltest Marie von deinem Taschengeld eine neue Porzellantänzerin kaufen.
Papa	Und eine Entschuldigung ist dafür wohl auch fällig.
Jasper schluckt. Er sieht Marie nicht an, während er etwas Unverständliches murmelt. Dann geht er in sein Zimmer und verkriecht sich unter der Bettdecke. Da kommt Sofie in sein Zimmer. In der Hand hält sie ein paar Gummibärchen und ihr Lieblingsschaf.	
Sofie *(tröstend)*	Für dich, weil du mein großer Bruder bist und so nett zu mir warst.
Jasper zögert zunächst, aber dann seufzt er.	
Jasper	Gib schon her.
Sofie	Gute Nacht.
Sofie verlässt das Zimmer.	

Jasper beschließt, sich doch richtig bei Marie zu entschuldigen.

- Überlegt, wie er das machen könnte. Was sagt er? Wie reagiert Marie darauf?
- Schreibt eine Fortsetzung des Drehbuchs und spielt die Szene eurer Klasse vor.

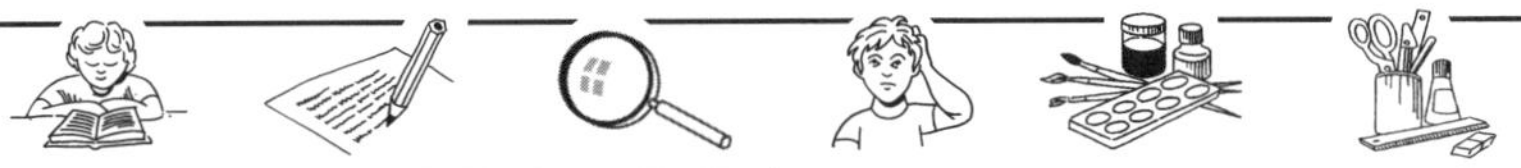

Name: ______________________

lesen | **schreiben** | **forschen** | rätseln | malen | basteln

Fußballsprache

Im Fußball verwendet man viele Ausdrücke, die oft nicht so einfach zu verstehen sind.

Erkläre folgende Sätze aus dem Buch.

1. Mit Ben bildet Jasper die Spitze.

____

2. Jasper täuscht rechts an, versetzt seinen Gegenspieler und geht links an ihm vorbei.

____

____

3. Seine Mannschaft kassiert jetzt auch noch ein Tor.

____

Ordne folgenden Ausdrücken jeweils die richtige Bedeutung zu. Verbinde.

Auf dem Spielfeld formieren sich die Spieler.	Der Torwart fliegt durch die Luft und wehrt den Ball mit seinen Fäusten ab.
Die Spieler tasten sich ab.	Die Heimmannschaft konnte einfach kein Tor erzielen.
Der Schiedsrichter gibt den Ball frei.	Die Mannschaften stellen sich auf dem Feld auf.
Das Tor der Gäste war regelrecht zugenagelt.	Der Schiedsrichter pfeift und lässt dann weiterspielen.
Mit einer Glanzparade faustet der Torwart den Ball weg.	Beide Mannschaften versuchen, die Stärken und Schwächen des Gegners herauszufinden.

Name:

Mein Fußball-Lexikon

Bastle ein Fußball-Lexikon.

- Schneide die Kärtchen unten aus und ordne sie jeweils der richtigen Seite zu. Klebe sie auf.
- Schneide die Seiten aus. Ordne die Begriffe nach dem Alphabet. Hefte die Seiten am linken Rand zusammen.

✂

Mein Fußball-Lexikon 	Darin befindet sich ein Spieler, wenn er angespielt wird und er der gegnerischen Torlinie näher ist als der Ball und der vorletzte Gegenspieler.	Ein Spieler spielt den Ball mit seinem Kopf.
Regelwidriges Verhalten im Spiel, z. B. treten, schlagen, stoßen, schubsen, festhalten, anrempeln oder auch Bein stellen.	Hereingeben des Balles aus dem Bereich einer der beiden Seitenlinien.	Wenn der Ball das Spielfeld über eine Seitenlinie verlassen hat, wird er von einem Spieler des Teams, das den Ball nicht zuletzt berührt hat, wieder zurück ins Spielfeld geworfen.
Vom Schiedsrichter verhängte Bestrafung bei unsportlichem Verhalten (Foul) oder anderen Regelverstößen.	Wird verhängt, wenn der Ball von einem Spieler in der eigenen Hälfte zuletzt berührt wurde, bevor er die Torauslinie überquert. Der Ball wird vom angreifenden Team von der Eckfahne aus ins Spiel gebracht.	Wird verhängt, wenn ein Spieler im eigenen Strafraum den Ball mit der Hand berührt oder einen Gegenspieler foult.

✂

Kopfball	Freistoß	Einwurf	Foul
Flanke	Ecke	Elfmeter	Abseits

Name:

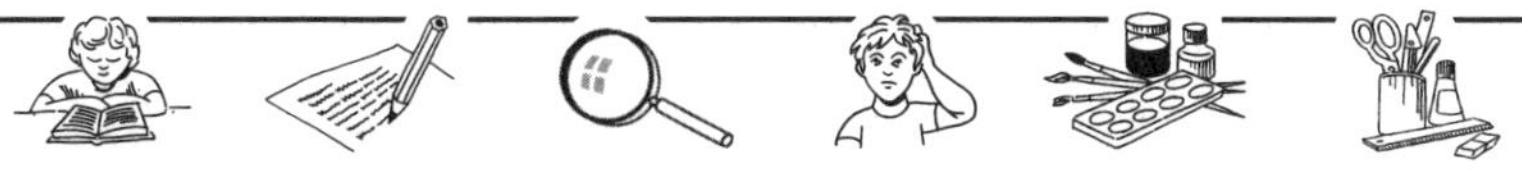

Das ist Lina

Jasper erzählt Pille von seiner Schwester Lina.

Lies im Buch auf Seite 45 nach. Schreibe in der wörtlichen Rede auf, was Jasper sagt. Manche Informationen musst du ergänzen. Die Begriffe helfen dir dabei.

ungefähr 1,60 m groß | schläft sonntags gern lang | mag Himbeerbrause

Narbe am Knie | kann gut singen | tierlieb | 14 Jahre alt

geht in die Realschule

heißt Lina

Was könnte jemand über dich erzählen? Schreibe auf.

Wie findest du es, hinter dem Rücken eines anderen über ihn zu reden? Diskutiert darüber. Begründet eure Meinung.

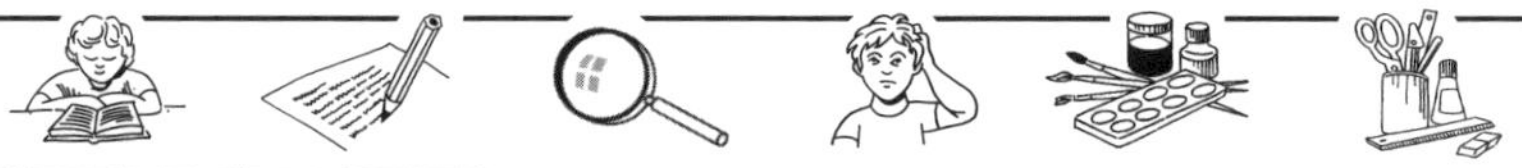

Name:

lesen **schreiben** forschen rätseln **malen** basteln

Das geheimnisvolle Päckchen

Jasper kann nicht anders, als das Päckchen aufzumachen, um zu sehen, was darin ist.

Male, was er darin findet. Ergänze den Zettel von Tilman.

Wie findest du es, dass Jasper das Päckchen öffnet? Begründe deine Meinung.

Versetze dich in Linas Lage und verfasse ihren Brief an den geheimnisvollen Päckchenverschicker. Schreibe in dein Heft.

Name:

lesen schreiben forschen rätseln malen basteln

Das Briefgeheimnis

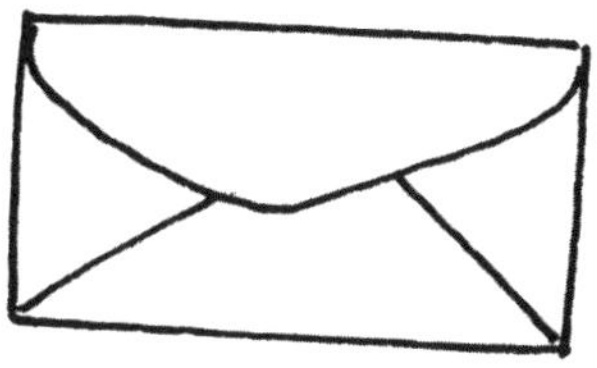

Jasper öffnet heimlich den Brief seiner Schwester und liest ihn. Damit verletzt er das Briefgeheimnis.

Lies den Text.

Wer einen verschlossenen Brief öffnet, der nicht an ihn adressiert ist, verletzt das Briefgeheimnis. Es gehört zu den besonders geschützten Grundrechten. Wer es verletzt, macht sich strafbar.

Das Briefgeheimnis umfasst jede Art von Schriftstück, das an einen Empfänger adressiert ist oder vor anderen geschützt ist, also zum Beispiel in einer verschlossenen Schublade liegt. Deshalb gilt das Briefgeheimnis auch für Tagebücher, die mit einem Schloss gesichert sind.

Im Erwachsenenstrafrecht, das heißt bei Tätern über 21 Jahren, kann eine Verletzung des Briefgeheimnisses eine Freiheitsstrafe oder eine Geldstrafe zur Folge haben.

Kinder bis 14 Jahre sind nicht strafmündig. Das bedeutet, dass sie nicht vor Gericht kommen und daher auch nicht verurteilt werden können. Doch auch bei Kindern haben Straftaten Folgen: Das Jugendamt kann eine Akte anlegen, in der die Straftaten verzeichnet sind. Außerdem kann es Erziehungsmaßnahmen anordnen.

Bei Jugendlichen, die zwischen 14 und 18 Jahre alt sind, gibt es eine Verhandlung vor einem Jugendgericht.

Wenn ein Kind der Verletzung des Briefgeheimnisses beschuldigt wird, muss es bei der Polizei nur Angaben zur Person machen. Die Polizei ist verpflichtet, es auf seine Rechte hinzuweisen: Es braucht keine Angaben zur Sache, also zur Verletzung des Briefgeheimnisses, zu machen. Es darf eine Vertrauensperson, etwa die Eltern, und einen Rechtsanwalt hinzuziehen.

Übrigens: Das Briefgeheimnis gilt auch in der Familie. Kinder dürfen die Post und Tagebücher ihrer Eltern nicht ohne Erlaubnis öffnen. Doch auch Eltern müssen das Briefgeheimnis ihrer Kinder achten. Dabei gibt es eine Ausnahme: Wenn Eltern den Verdacht haben, dass ihr Kind Post von Leuten bekommt, die es betrügen oder zu Straftaten anstiften, dann gilt das Briefgeheimnis nicht.

Beantworte folgende Fragen. Schreibe ganze Sätze in dein Heft.

1. Mit welchen Handlungen verletzt man das Briefgeheimnis?
2. Wie werden Erwachsene bestraft, die das Briefgeheimnis verletzt haben?
3. Was passiert, wenn Kinder Straftaten begehen?
4. Dürfen Kinder die Post ihrer Eltern öffnen?
5. Dürfen Eltern die Post ihrer Kinder lesen?

Geheimalphabet – Bastelanleitung

Lies den Text.

Der römische Feldherr Julius Cäsar hat vor über 2000 Jahren eine Verschlüsselungsmethode erfunden. Dafür brauchte er das Alphabet und ein zusätzliches Verschlüsselungsalphabet. Beim Geheimalphabet wurden alle Buchstaben um eine bestimmte Anzahl von Stellen verschoben. Die Abfolge der Buchstaben wurde dabei nicht verändert. So entstand ein Buchstabensalat, mit dem beispielsweise der Bote nichts anfangen konnte. Nur wer wusste, um wie viele Buchstaben das Alphabet verschoben worden war, konnte die Nachricht entschlüsseln.

Da diese Verschlüsselungsmethode als sehr sicher galt, wurde sie in der Antike oft angewendet. Cäsar soll auch seine Liebesbriefe an Kleopatra so verschlüsselt haben.

Bastle eine Cäsarscheibe.

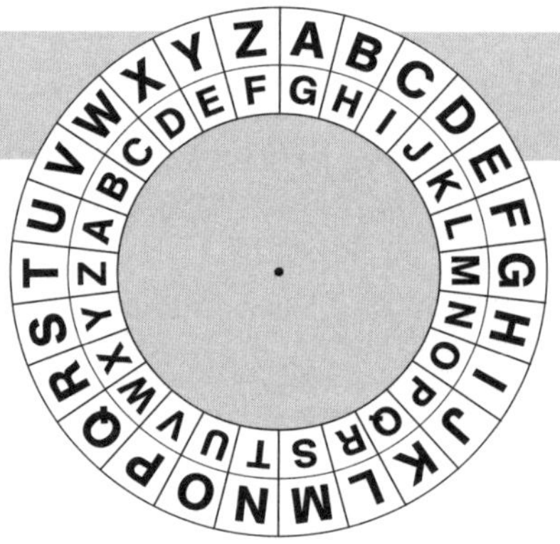

Du brauchst:

- den Bastelbogen
- eine Schere
- einen Klebestift
- festes Papier
- eine Nadel
- eine Musterklammer

So geht's:

1. Schneide die beiden Scheiben auf dem Bastelbogen grob aus.
2. Klebe sie auf festes Papier. Schneide die Scheiben genau aus.
3. Bohre mit einer Nadel an den markierten Stellen jeweils ein Loch in die Scheiben.
4. Lege die kleinere Scheibe auf die größere Scheibe. Verbinde sie mit einer Musterklammer, aber nur so fest, dass sich die Scheiben noch gut drehen lassen.

So verschlüsselst und entschlüsselst du Botschaften:

1. Die äußere Scheibe ist das „echte“ Alphabet. Lege mit der inneren Scheibe die Verschlüsselung fest, z. B. A = G.
2. Schreibe deine Botschaft verschlüsselt auf: Nimm statt der Buchstaben auf der äußeren Scheibe immer die Buchstaben auf der inneren Scheibe, z. B. E = K.
3. Gib dem Empfänger deine verschlüsselte Nachricht. Er muss die gleiche Verschlüsselungsmaschine haben wie du. Vergiss nicht, ihm den Anfangsbuchstaben des geheimen Alphabets mitzuteilen, z. B. A = G.
4. Entschlüssele die geheime Botschaft, die du bekommen hast. Drehe die innere Scheibe deiner Verschlüsselungsmaschine auf den genannten Anfangsbuchstaben. „Übersetze“ die Nachricht, indem du für jeden Buchstaben auf der inneren Scheibe den entsprechenden Buchstaben auf der äußeren Scheibe aufschreibst.

Geheimalphabet – Bastelbogen

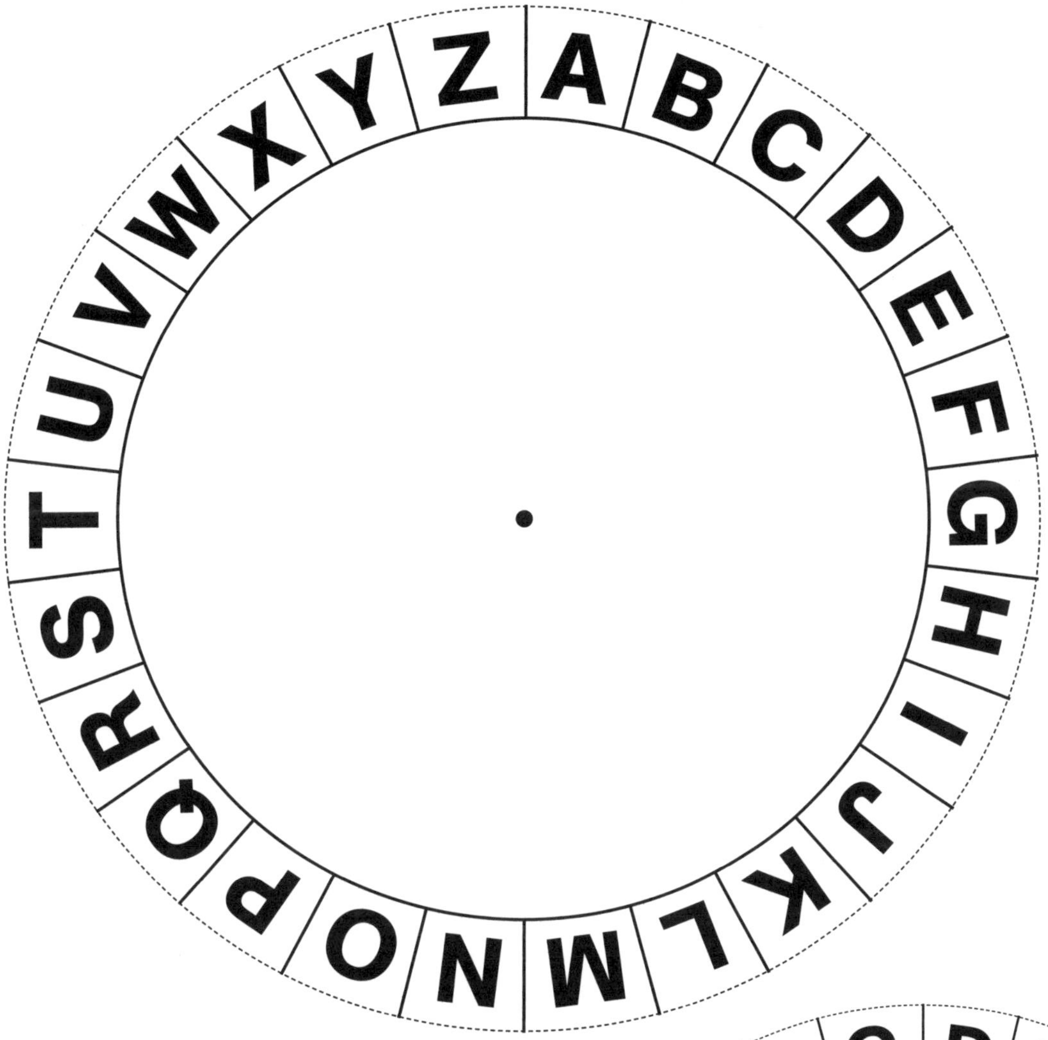

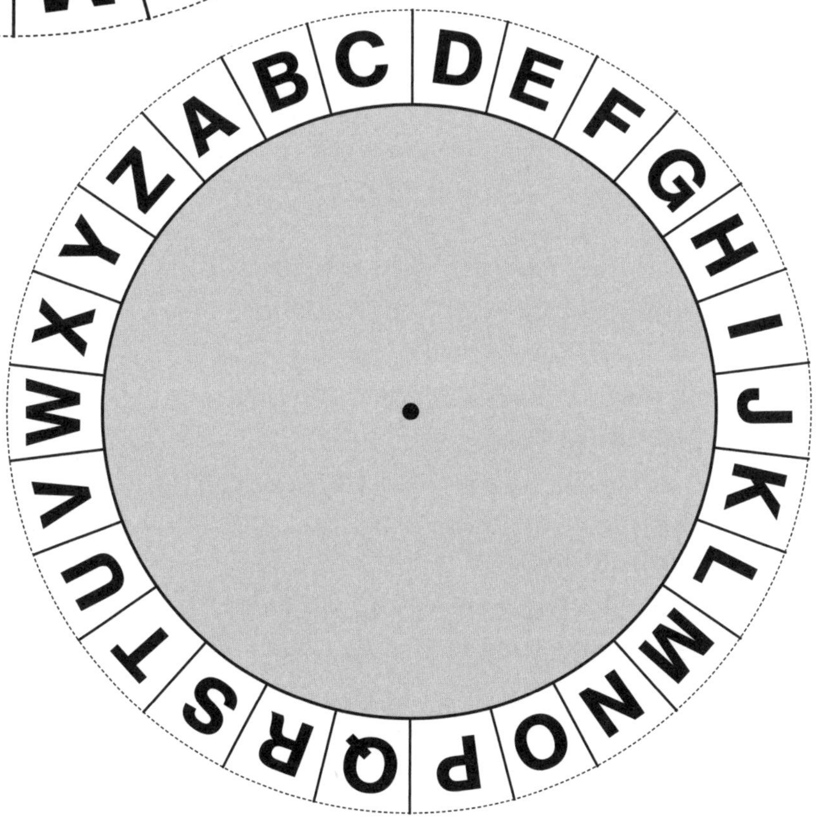

Name:

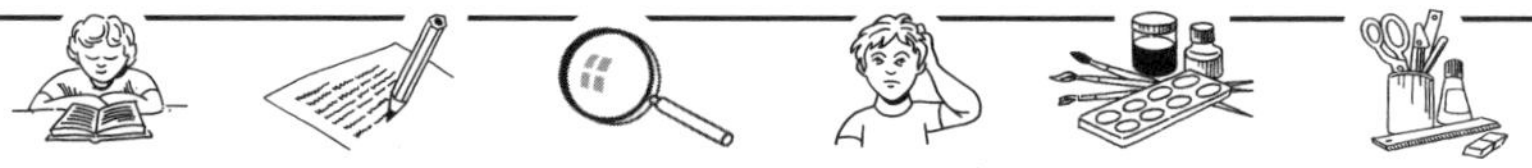

lesen **schreiben** forschen rätseln malen basteln

Eine Geschichte weiterschreiben

In der Deutschstunde liest Frau Flieger eine Geschichte vor. Lies den Anfang des Textes.

Luisa ist schon ganz aufgeregt. Als sie heute von der Schule nach Hause gelaufen ist, hat sie in der Stadt ein Plakat gesehen. „Der Zirkus ist wieder da!“, ruft sie ihrer Mutter schon entgegen, kaum dass sie das Haus betreten hat.

„Wirklich?“, antwortet Mama erstaunt. „Und deswegen bist du so aus dem Häuschen?“

„Ja, vielleicht gehe ich ja später mal hin“, meint Luisa beifällig und wechselt dann schnell das Thema. Sie will nicht, dass ihre Mutter merkt, weswegen sie eigentlich so aufgeregt ist.

Als der Zirkus letztes Jahr in der Stadt war, schenkte ihr ein Junge in der Fußgängerzone eine Freikarte. Er war ihr zunächst gar nicht aufgefallen. Erst als sie direkt vor ihm stand, bemerkte sie die bunten Werbeplakate ringsum und das Lama, das hinter ihm angebunden war und zufrieden an einem Büschel Heu kaute. Die Karte steckte sie schnell in ihre Jackentasche, denn sie interessierte sich nicht für Zirkusvorstellungen, aber den netten Blick des Jungen, der sie mit seinen braunen Augen so fröhlich anlachte, hat sie seither nicht vergessen. Deswegen will sie heute Nachmittag zum Festplatz laufen und sich dort umsehen.

Schreibe die Geschichte in deinem Heft weiter.

Das soll in deiner Geschichte vorkommen:

- Luisa findet den Jungen und schenkt ihm einen Ring. Daraufhin lädt er sie in die nächste Zirkusvorstellung ein.
- Nach der Vorstellung gibt ihr der Junge einen Kuss.
- Nun sind die beiden ein Paar und verbringen den Sommer über viel Zeit miteinander.
- Als der Herbst kommt, ist es mit ihnen vorbei.

Diese Dinge sind nicht vorgegeben. Du darfst dir selbst etwas ausdenken.

- Wie heißt der Junge?
- Was macht er im Zirkus?
- Warum ist die Beziehung im Herbst beendet?
- Was passiert danach mit den beiden?

Name:

lesen schreiben forschen rätseln malen **basteln**

Typisch Mädchen – typisch Junge?

Was ist deiner Meinung nach typisch für Mädchen und für Jungen?
Schneide die Begriffe aus und klebe sie in die entsprechende Spalte.

Typisch Mädchen	Typisch Junge

✂

lange Haare haben	kurze Haare haben	Ohrringe tragen	gern lesen
stark sein	mutig sein	zickig sein	ängstlich sein
sportlich sein	gut rechnen können	cool sein	oft andere ärgern
hilfsbereit sein	nachtragend sein	ordentlich sein	brutal sein
oft angeben	viel lernen	gut Fußball spielen	gern tanzen
viel telefonieren	sich mit Technik auskennen	viel Zeit am PC verbringen	gut kochen können

Name:

lesen **schreiben** **forschen** rätseln malen basteln

Wir verändern uns – Vom Jungen zum Mann

Zwischen dem 11. und dem 15. Lebensjahr setzt bei Jungen das Reifungsalter, die Pubertät, ein. In dieser Zeit verändert sich ihr Körper. Manche Veränderungen finden aber auch innerlich statt.

Lies den Text. Setze die Wörter passend ein.

Penis | Pubertät | Samenerguss | Körperpflege | Haare | Hodensack | Bart | Samenzellen

Der Körper eines Jungen verändert sich während der Pubertät: Im Gesicht wächst ein ____________ und die Körperbehaarung nimmt insgesamt zu. Auch in den Achselhöhlen und im Schambereich wachsen ____________. Zu den männlichen Geschlechtsmerkmalen gehören der ____________, die Samenleiter und die Hoden, die im ____________ liegen. Mit Beginn der Pubertät produzieren die Hoden ständig ____________. Ist eine bestimmte Menge Samen vorhanden, werden diese über den Samenleiter zum Penis transportiert und über die Harnröhre ausgeschieden. Das nennt man ____________. Bei Jungen in der ____________ passiert dies häufig im Schlaf. Mit dem Urin, der auch über die Harnröhre ausgeschieden wird, hat das aber nichts zu tun. Vielmehr ist der Samenerguss oft mit einem angenehmen Gefühl verbunden. Nun kann ein Junge Kinder zeugen.

Eine regelmäßige und gründliche ____________ ist für alle Jungen wichtig, denn am Penis können sich unter der Vorhaut Ablagerungen ansammeln, die durch Waschen entfernt werden können.

Name:

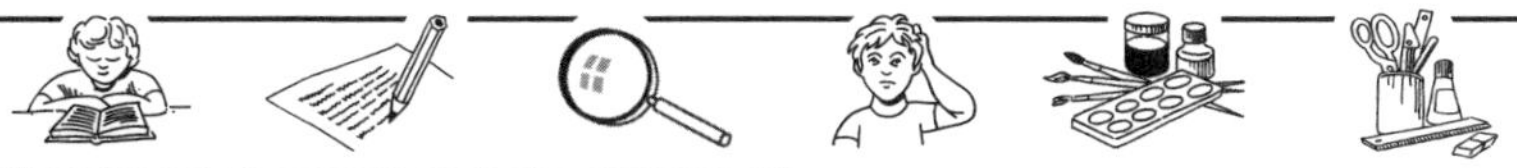

lesen schreiben forschen rätseln malen basteln

Wir verändern uns – Vom Mädchen zur Frau

Zwischen dem 8. und dem 13. Lebensjahr setzt bei Mädchen das Reifungsalter, die Pubertät, ein. In dieser Zeit verändert sich ihr Körper. Manche Veränderungen finden aber auch innerlich statt.

Lies den Text. Setze die Wörter passend ein.

Eizelle | Periode | Körperpflege | Schambereich | Scheide | Binden | Gebärmutter | Brüste

Der Körper eines Mädchens verändert sich während der Pubertät. Die ____________ entwickeln sich und in den Achselhöhlen und im ____________________ wachsen Haare.

Zu den weiblichen Geschlechtsmerkmalen gehören die Brüste, die ____________, die Eierstöcke, die Eileiter und die Gebärmutter. Die Geschlechtsorgane der Frau liegen vor allem geschützt im Körper.

Außerdem setzt die erste Monatsblutung ein. Nun kann ein Mädchen Kinder bekommen. In den beiden Eierstöcken eines Mädchens reift alle vier Wochen abwechselnd eine ____________ heran. Durch den Eileiter wandert die Eizelle in die ____________________. Wenn sie nicht befruchtet wird, wird sie mit etwas Blut und der Schicht, die sich in der Gebärmutter zur Versorgung der Eizelle gebildet hat, durch die Scheide ausgeschieden. Da dies ungefähr alle vier Wochen geschieht, nennt man diese Blutung auch Monatsblutung. Andere Ausdrücke sind ____________ oder Regel. Das Blut wird mit ____________ oder Tampons aufgefangen.

Wenn das Blut außerhalb des Körpers gelangt, kann sich Geruch entwickeln, deshalb ist regelmäßige ____________________ für Mädchen sehr wichtig.

Name:

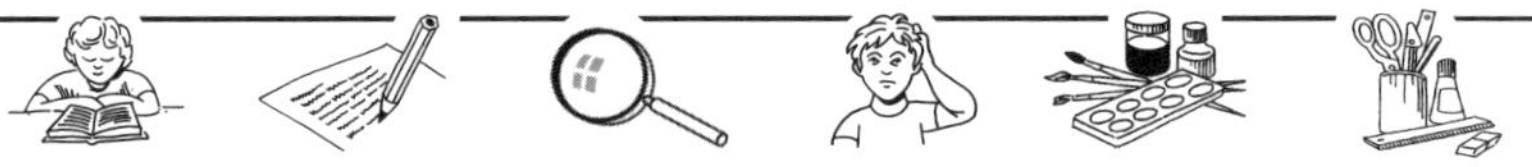

lesen schreiben **forschen** rätseln malen basteln

Wenn Kinder erwachsen werden

Während der Pubertät verändert sich der Körper bei Mädchen und Jungen. Lies die Sätze und ordne sie den Bildern zu. Trage in die Kreise jeweils die passende Nummer ein.

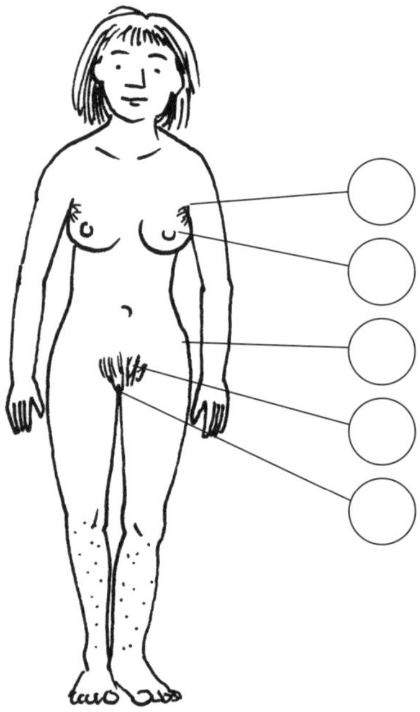

1	Unter den Achseln wachsen Haare.
2	Die Monatsblutung setzt ein.
3	Penis und Hoden werden größer.
4	Die Schambehaarung wächst.
5	Die Brüste werden größer.
6	Der Stimmbruch setzt ein.
7	Der Bartwuchs im Gesicht beginnt.
8	Die Schultern werden breiter.
9	Die Hüften werden runder.

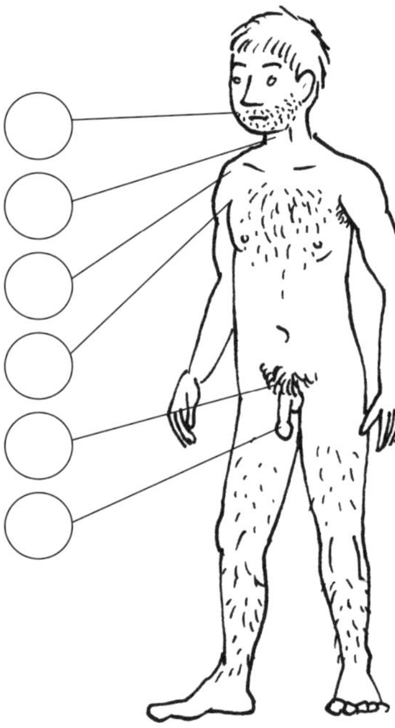

Ordne die Begriffe richtig zu. Verbinde.

Geschlechtsorgane der Frau

- Eileiter •
- Eierstock •
- Gebärmutter •
- Scheide •
- Schamlippen •

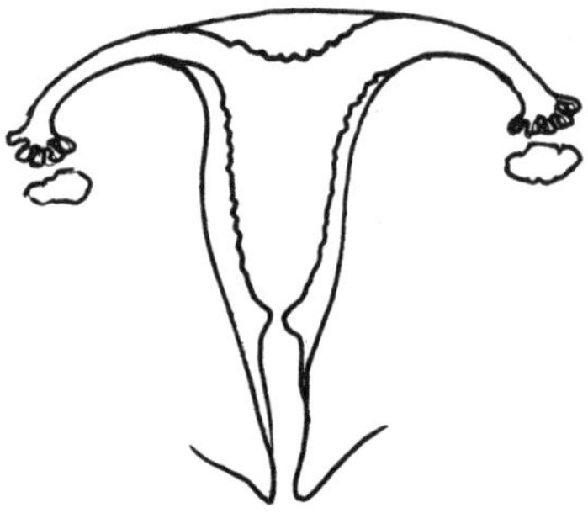

Geschlechtsorgane des Mannes

- Samenleiter und Harnröhre •
- Hoden •
- Hodensack •
- Penis •
- Eichel •

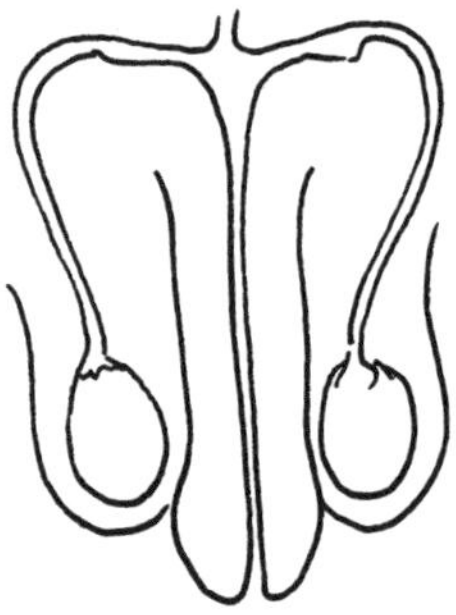

Wie ein Kind entsteht

Lies den Text.

Wenn ein Mann und eine Frau sich sehr lieben, küssen und schmusen sie gern. Manchmal wollen sie sich auch mit dem Körper zeigen, wie lieb sie sich haben. Das nennt man „miteinander schlafen“ oder „sich lieben“. Dabei küssen und streicheln sie sich. Der Penis des Mannes wird steif und die Scheide der Frau feucht. Der Mann führt seinen steifen Penis in die Scheide ein. Das fühlt sich sehr schön an. Und wenn es am allerschönsten ist, hat der Mann einen Samenerguss. Dabei können seine Samenzellen zu einer Eizelle schwimmen und sie befruchten. Diese befruchtete Zelle wandert dann in die Gebärmutter und nistet sich dort ein. In den folgenden 40 Wochen wächst nun aus dieser Zelle ein Baby heran.

Die Bilder zeigen, wie sich ein Baby im Bauch der Mutter entwickelt. Schneide sie aus. Sortiere sie in der richtigen Reihenfolge und klebe sie in dein Heft.

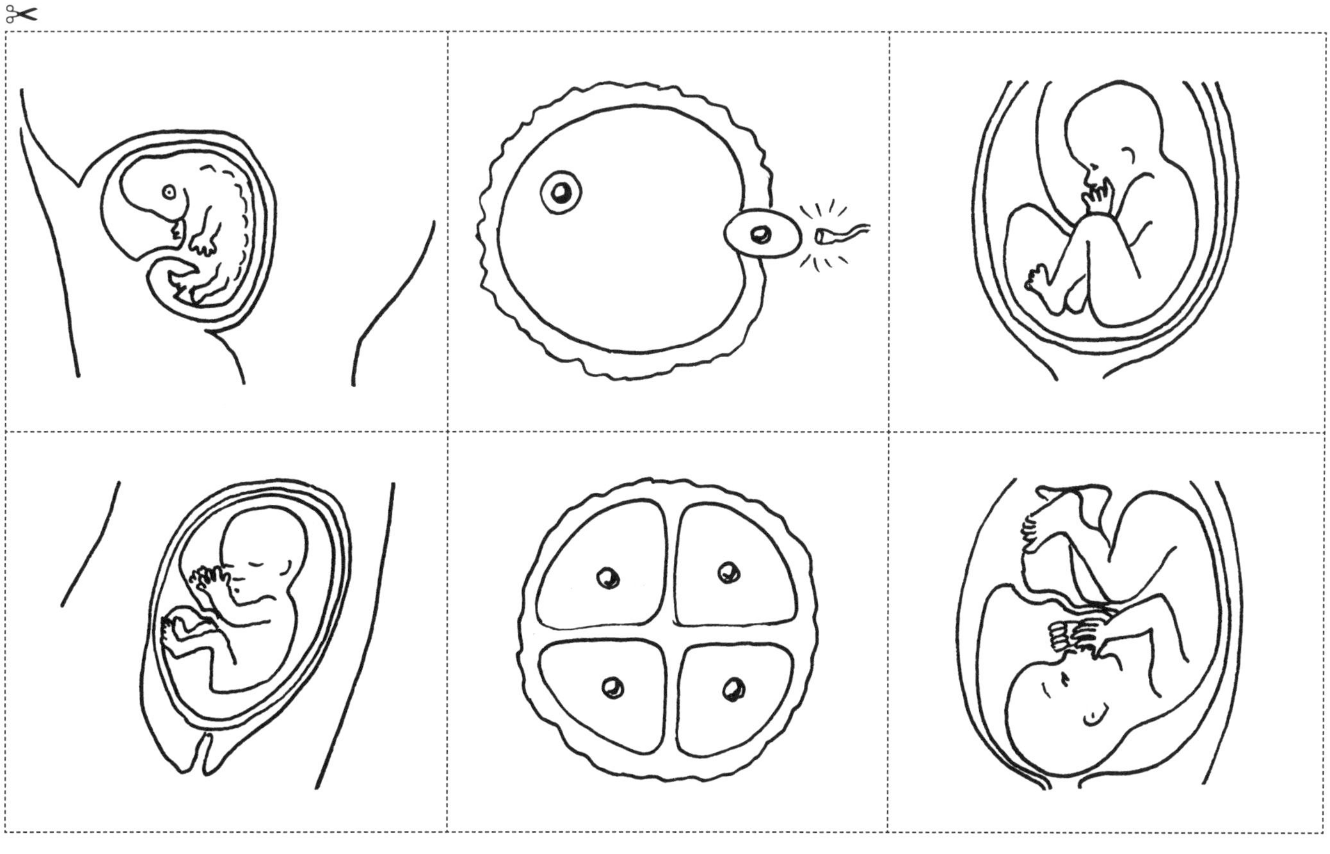

Name:

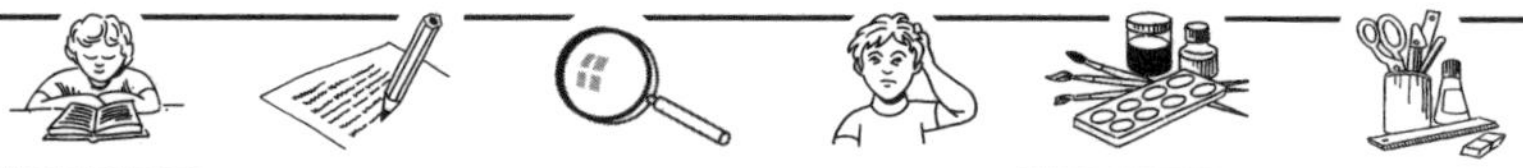

lesen schreiben forschen rätseln **malen** basteln

Wer mag wen?

Male von jedem Kind ein Porträt.

Jasper

Bele

Lina

Anna-Lena

Tilman

Ben

Stelle durch Pfeile dar, wie die Personen zueinander stehen.

Roter Pfeil: ... ist verliebt in ...
Gelber Pfeil: ... macht Schluss mit ...
Blauer Pfeil: ... sind Geschwister
Grüner Pfeil: ... sind Freunde

Überlege dir Symbole für die einzelnen Beziehungen der Kinder zueinander und ergänze sie neben den Pfeilen.

Viele Gefühle

Jasper freut sich, dass Bele ihn geküsst hat. Zur gleichen Zeit ist Lina traurig, weil Tilman mit ihr Schluss gemacht hat.

Ordne den Gefühlen Farben zu: Male jedes Gefühl mit der Farbe an, die für dich am besten passt.

Liebe | Trauer | Angst | Neid | Freude | Wut

Spielt zusammen „Gefühle-Raten".

- Bildet Gruppen von mindestens zwei Schülern.
- Schneidet das Würfelnetz aus. Faltet die Vorlage an den durchgezogenen Linien zu einem Würfel. Klebt den Würfel an den grauen Klebelaschen zusammen.
- Ein Mitspieler würfelt ein Gefühl, ohne dass die anderen es sehen. Der Spieler stellt das Gefühl pantomimisch dar. Dabei muss genau überlegt werden, wie die Körperhaltung und der Gesichtsausdruck sein müssen.
- Die anderen raten, welches Gefühl dargestellt wird.
- Anschließend wird gewechselt.

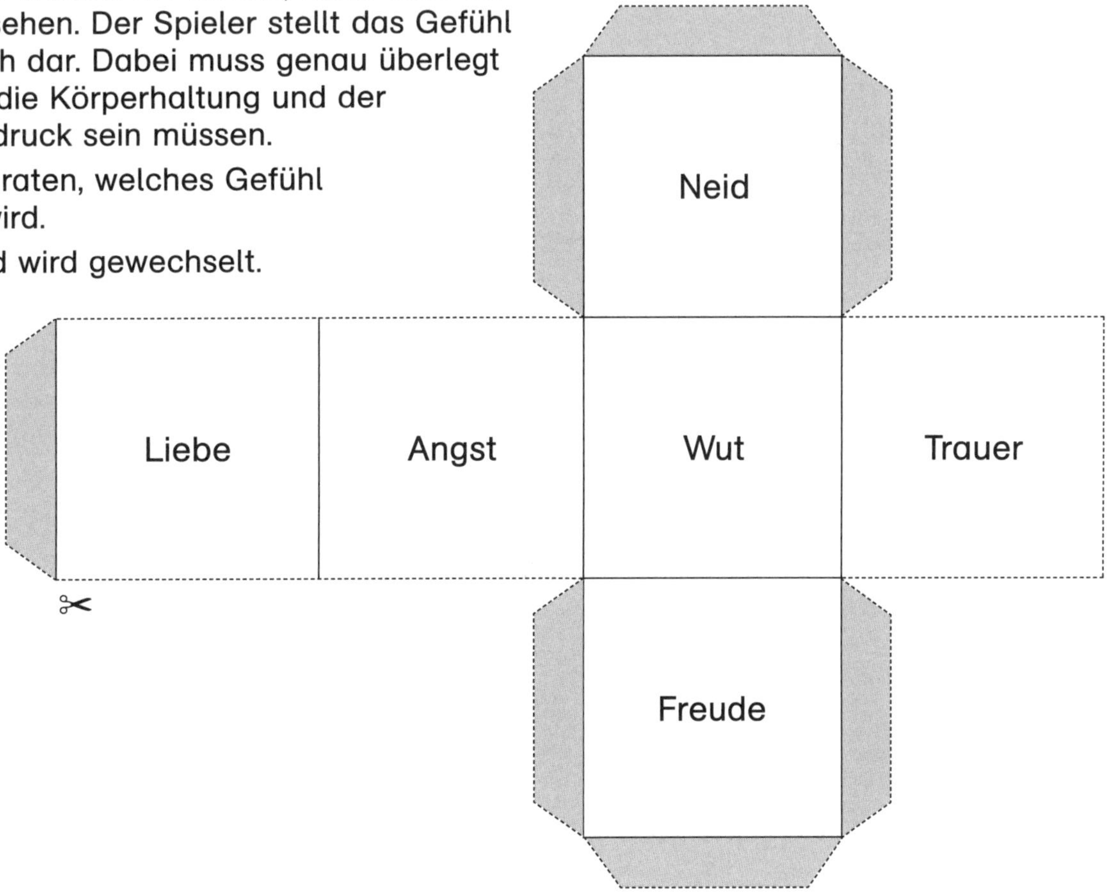

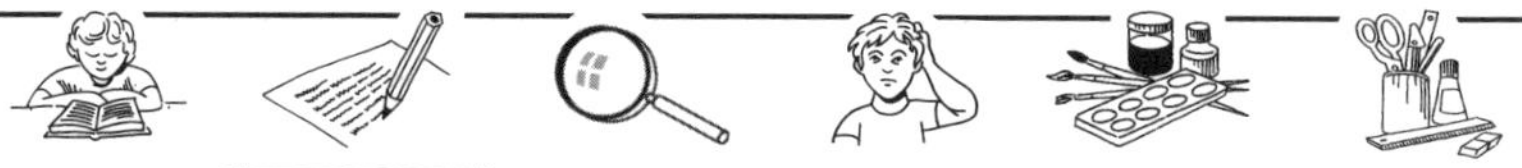

Name:

lesen **schreiben** forschen rätseln malen basteln

Auf der „Weiberparty“

Jasper und Ben sind die einzigen Jungen auf Anna-Lenas Party. Zum ersten Mal erleben sie eine „Weiberparty“.

Überlege, welche Spiele und Tätigkeiten eher zu Jungen und welche eher zu Mädchen passen. Kreise ein.

Blau: Jungen
Rot: Mädchen
Grün: Jungen und Mädchen

Schnitzeljagd

Pantomime

Flaschendrehen

tanzen

Karaoke

Computerspiele

Kuchen essen

Fußball spielen

Pizza essen

Modenschau

Jasper schenkt Anna-Lena ein Buch. Findest du dieses Geschenk passend? Warum (nicht)? Schreibe auf.

Über welches Geschenk freust du dich am meisten? Hast du schon einmal ein unpassendes Geschenk bekommen? Schreibe auf.

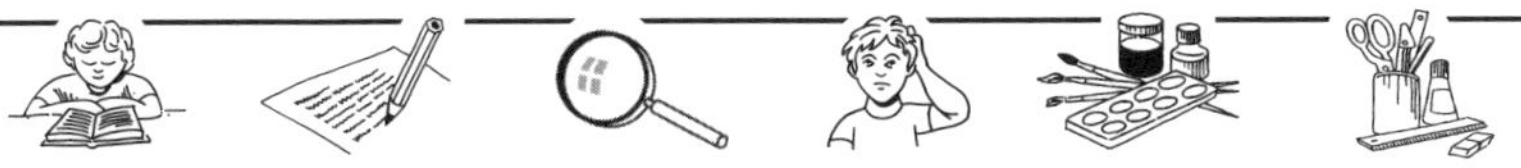

Name:

lesen schreiben forschen rätseln malen basteln

Mach dich bereit!

Jasper bereitet sich auf sein Treffen mit Bele gründlich vor.

Kreuze die richtigen Aussagen an. Die Silben hinter den angekreuzten Sätzen ergeben einen Lösungssatz. Schreibe ihn auf.

- ☐ Er zählt die Stunden bis zu dem Treffen. **Be**
- ☐ Er verschwindet noch einmal im Bad. **le**
- ☐ Er wäscht sich Gesicht, Hals und Füße. **Ma**
- ☐ Er putzt sich die Zähne. **mag**
- ☐ Er benutzt Papas Rasierwasser. **rie**
- ☐ Er übt vor dem Spiegel sein Begrüßungsgesicht. **Eis.**
- ☐ Er zieht sein Lieblings-T-Shirt an. **chen.**

Der Lösungssatz lautet: ______________________________

Was könnte Bele benutzen, um sich auf das Treffen vorzubereiten? Markiere die sieben Wörter im Rätsel. Schreibe sie auf.

Ü = UE

U	I	H	J	Z	N	L	W	D	U	N	T	L
S	E	T	U	A	A	I	A	E	N	V	N	I
V	U	J	A	H	S	T	T	O	E	E	L	P
Z	L	I	M	N	L	O	R	R	O	A	L	G
H	A	A	R	B	U	E	R	S	T	E	N	L
E	R	T	M	U	H	T	M	V	U	N	N	O
P	N	A	G	E	L	F	E	I	L	E	U	S
N	E	F	A	R	P	L	F	S	A	M	N	S
E	B	L	I	S	E	P	A	R	F	U	E	M
L	K	M	O	T	O	K	N	U	T	R	E	M
C	R	E	M	E	B	U	H	E	R	T	W	T

____

____

____

____

____

____

____

Name:

Die richtige Verbindung

Bindewörter können zwei Sätze miteinander verbinden.
Man nennt sie auch Konjunktionen.

Lies den Text. Unterstreiche alle Bindewörter farbig.

Jasper liegt auf dem Wohnzimmersofa. Er hat ein Kissen auf seinem Gesicht und träumt mit offenen Augen. Einen Tag ist es schon her, dass er mit Bele Eis essen war. Vielleicht geht er bald wieder zu ihr und küsst sie, oder sie kommt zu ihm. Jasper wusste nicht, dass es so aufregend ist, wenn man sich verliebt, dass es alles anders macht, irgendwie schön. Er fühlt sich, als fliege er durch die Luft mit unsichtbaren Flügeln und gar nichts könne geschehen, weil Bele da ist und ihn auch mag, weil ihr Arm an seinem sich gut angefühlt hat.

Schreibe die Bindewörter aus dem Text auf.

Verbinde jeweils zwei Sätze mit einer Konjunktion. Du darfst jedes Wort nur einmal verwenden. Schreibe die Sätze ins Heft.

Tipp: Manche Sätze musst du verändern oder umstellen! Manchmal musst du ein Komma ergänzen!

- Jasper liegt auf dem Wohnzimmersofa.
- Er ist überglücklich.
- Er fühlt sich, als würde er fliegen.
- Bele hat ihn im Hausflur geküsst.
- Jasper wusste es nicht.
- Marie ruft: „Mach gefälligst Platz!“

- obwohl
- weil
- dass
- denn
- wenn
- und

- Bele ist bei ihm.
- „Ich will auch auf dem Sofa sitzen!“
- Er träumt vor sich hin.
- Er war mit Bele Eis essen.
- Er war sehr schüchtern.
- Ein Kuss kann so aufregend sein.

Berühmte Liebespaare (1)

Cäsar und Kleopatra

Kleopatra war Königin in Ägypten. Sie teilte sich die Herrschaft mit ihrem Bruder. Sie war eine sehr intelligente und gebildete Frau. Als ihr Bruder Ptolemaios sie vom Thron verdrängte, weil er sich die Regentschaft nicht mehr mit ihr teilen wollte, wurde sie vertrieben und floh nach Alexandria. Dort lernte sie Julius Cäsar, den römischen Kaiser und Machthaber, kennen. Die beiden wurden ein Liebespaar und Kleopatra gewann großen Einfluss auf Cäsar. Er sollte ihr helfen, ihren Thron zurückzuerobern. Tatsächlich begann Cäsar einen Krieg gegen ihren Bruder, den er gewann. So konnte er Kleopatra ihr Reich und ihre Herrschaft zurückgeben.

Die beiden bekamen auch einen gemeinsamen Sohn, den sie Cäsarion nannten. Kleopatra lebte mit dem Kind einige Jahre in Rom. Dem römischen Volk gefiel die Beziehung zwischen den beiden nicht, denn Kleopatra wurde als Feindin Roms angesehen. Schließlich wurde Cäsar von seinen politischen Feinden in Rom ermordet und Kleopatra floh mit ihrem Sohn zurück nach Ägypten. Dort übernahm sie die Herrschaft und ernannte den kleinen Cäsarion zum Mitregenten.

Die Beziehung zwischen Cäsar und Kleopatra war sicher nicht nur eine Liebesbeziehung, denn beide gewannen durch das Verhältnis politische Macht und sicherten ihre Herrschaft.

Bonnie und Clyde

Bonnie und Clyde waren ein Gaunerpaar, das von 1930 bis 1934 in den USA zahlreiche Bankraube, Überfälle und Morde verübte. Mit bürgerlichem Namen hießen sie Bonnie Parker und Clyde Barrow.

Bonnie heiratete schon mit 16 Jahren, führte aber keine glückliche Ehe. Als ihr Mann gerade im Gefängnis saß, begegnete sie 1930 Clyde. Die beiden wurden ein Liebespaar. Etwas später wurde auch Clyde verhaftet, aber ihm gelang die Flucht, weil Bonnie eine Waffe ins Gefängnis geschmuggelt hatte. Er wurde jedoch wieder gefasst. Erst als er seine Strafe abgesessen hatte, begannen die beiden ihre Raubzüge.

Sie überfielen Geschäfte, Tankstellen und Banken. Dabei waren sie nicht allein. Sie führten eine Gruppe Krimineller an, die als „Barrow-Bande" bekannt wurde. Bei ihren Raubzügen gingen sie sehr rücksichtslos vor. Sie ermordeten insgesamt neun Polizeibeamte, die sie festnehmen wollten. Die Geschichte des Gaunerpaares endete am 23. Mai 1934: Bonnie und Clyde wurden von Polizisten erschossen.

Philemon und Baucis

Der verkleidete Göttervater Zeus und Hermes, sein Sohn, besuchten eine Stadt der Menschen. Die beiden Wanderer wurden aber nicht in der Stadt aufgenommen.

Am Stadtrand lebte ein altes Ehepaar, Philemon und seine Frau Baucis. Die beiden waren die einzigen, die Gastfreundschaft zeigten, die beiden Wanderer aufnahmen und sie mit allem bewirteten, was sie hatten. Nur durch einen Zufall erkannten sie die Götter und entschuldigten sich für das karge Mahl. Philemon und Baucis wurden für ihre Großzügigkeit belohnt: Die Götter verwandelten ihre Hütte in einen goldenen Tempel und machten sie zu Priestern. Außerdem gewährten sie dem Paar einen Wunsch. Da sich die beiden auch nach vielen Jahren noch sehr liebten, wünschten sie sich, dass sie sich nie würden trennen müssen. Sie wollten auch zusammen sterben. Darum verwandelten sie die Götter am Ende ihres Lebens in Bäume. Philemon wurde in eine Eiche und Baucis in eine Linde verwandelt.

Berühmte Liebespaare (2)

Samson und Delila

Die Geschichte von Samson und Delila kennen wir aus der Bibel. Samson war ein starker und schöner Mann und bekannt für sein dichtes und langes Haar. Außerdem war er unbesiegbar und wurde deshalb als Krieger gefürchtet. Seine Kraft war ihm von Gott verliehen, der eine Bedingung gestellt hatte: Seine Haare dürften niemals abgeschnitten werden. Samson kämpfte tatsächlich gegen viele Krieger und konnte nie gefangen genommen werden.

Deshalb dachten sich seine Feinde eine List aus. Samson hatte eine schöne Frau namens Delila kennengelernt und sich in sie verliebt. Nun überredeten seine Feinde Delila, herauszufinden, was das Geheimnis seiner Stärke war. Sie boten ihr viel Geld, sodass Delila das Angebot annahm. Samson, der sehr verliebt in sie war, erzählte ihr, dass sein Haar für seine Stärke verantwortlich war. Das war sein Verhängnis: Delila verriet sein Geheimnis an seine Feinde und diese schnitten ihm im Schlaf die Haare ab. Samson wurde sofort gefangen genommen und sollte nie wieder freigelassen werden. Allerdings vergaßen seine Feinde dabei, dass die Haare ja wieder wachsen würden. Als Samson eines Tages aus seinem Gefängnis geholt wurde, weil sich einige über ihn lustig machen wollten, brachte er die Säulen des Gebäudes zum Wanken und ließ die gesamte Halle einstürzen. Dabei starben nicht nur er, sondern auch viele seiner Feinde.

Romeo und Julia

Die Geschichte von Romeo und Julia erzählt ein Theaterstück von William Shakespeare. Sie ist wohl die berühmteste Liebesgeschichte der Welt. Romeo und Julia sind Kinder zweier verfeindeter Familien in Verona (Italien), der Familie Montague und der Familie Capulet. Die Feindschaft zwischen den Familien ist so groß, dass es sogar zu blutigen Auseinandersetzungen kommt. Deshalb halten Romeo und Julia ihre Liebe geheim und lassen sich von Pater Lorenzo, der hofft, die Familien versöhnen zu können, heimlich trauen.

Eines Tages kommt es zwischen Romeo und Tybalt, einem Cousin von Julia, zu einem Kampf, in dem Tybalt getötet wird. Romeo muss fliehen. Julia ist verzweifelt, weil sie jetzt nach dem Willen ihrer Eltern auch noch mit einem anderen verheiratet werden soll. Pater Lorenzo rät ihr, einen Schlaftrunk zu nehmen, der sie für ungefähr 40 Stunden in einen totenähnlichen Schlaf versetzt. So kann die Hochzeit verhindert werden. Leider gelingt es nicht, Romeo diesen Plan mitzuteilen. Ein Freund, der die scheinbar tote Julia in der Familiengruft liegen sieht, erzählt Romeo vom Tod seiner Frau. So schnell er kann, eilt Romeo zu ihr, um sie noch ein letztes Mal zu sehen. Dann nimmt er Gift und stirbt an ihrer Seite. Im selben Moment erwacht Julia. Als sie sieht, was geschehen ist, nimmt sie Romeos Dolch und tötet sich ebenso aus Verzweiflung.

Als die Eltern der beiden von dieser tragischen Geschichte erfahren, erkennen sie, dass sie auch Schuld an den Ereignissen haben, und versöhnen sich.

Fußball für alle

Balljagd

Jeder Spieler braucht:

- einen Ball

So wird gespielt:

1. Alle Kinder dribbeln mit einem Ball durch die Halle.
2. Jeder versucht, möglichst vielen Kindern den Ball wegzuschießen, ohne dabei seinen eigenen zu verlieren.

Tipp: Verkleinert die Fläche, auf der man sich bewegen darf, dann wird das Spiel immer schwieriger.

Fußball für alle

Slalomjagd

Jede Spielgruppe braucht:

- Hütchen für den Hindernisparcours
- Hindernisse für den Parcours, z. B. kleine Kästen, Matte
- ein Tor
- einen Ball

So wird gespielt:

1. Baut in der Halle einen Hütchenparcours auf. Ihr könnt auch Hindernisse einbauen, z. B. einen Tunnel. Stellt dazu zwei kleine Kästen auf und legt eine Matte darüber. Am Ende des Parcours steht das Tor.
2. Wählt aus eurer Spielgruppe einen Torwart aus.
3. Lauft einzeln durch den Parcours, den Ball am Fuß. Versucht zum Schluss, ein Tor zu erzielen.

Tipp: Jeder startet den Parcours mit zehn Punkten und kann für Missgeschicke, wie kurzfristiger Verlust des Balles oder Umwerfen eines Hütchens, Punkte verlieren. Für geschossene Tore können Punkte dazugewonnen werden.

Fußball für alle

Vier gegen einen

Jede Spielgruppe braucht:
- einen Ball

So wird gespielt:
1. Jeweils fünf Kinder bilden ein Team.
2. Vier Kinder stellen sich im Quadrat auf und spielen sich den Ball gegenseitig zu.
3. Das fünfte Kind steht in der Mitte des Quadrats und versucht, den Ball zu erobern. Wenn es ihm gelingt, dann darf es die Mitte verlassen. Derjenige, der den Ball zuletzt berührt hat, muss seinen Platz einnehmen.

Tipp: Dieses Spiel kann variiert werden. Die Kinder, die außen stehen, müssen den Ball spätestens mit der zweiten Berührung weiterspielen. Sehr gute Spieler können es mit einer einzigen Berührung probieren.

Fußball für alle

Blitzfußball

Ihr braucht:
- Mannschaftsbänder oder Leibchen für ein Team
- zwei Langbänke
- einen Ball
- zwei Tore

So wird gespielt:
1. Die Klasse wird in zwei Mannschaften aufgeteilt. Ein Team wird mit Mannschaftsbändern oder Leibchen ausgestattet.
2. Jede Mannschaft sitzt auf einer Bank am Spielfeldrand. Jeweils drei Mitglieder jedes Teams spielen auf einem Kleinfeld so lange Fußball gegeneinander, bis ein Tor fällt. Dabei gibt es keinen Torwart.
3. Sobald ein Tor erzielt wurde, werden beide Mannschaften komplett ausgewechselt. Der Wechsel soll möglichst schnell erfolgen, denn das Team, das ein Tor bekommen hat, kann nach dem Wechseln sofort weiterspielen.

Tipp: Am besten setzen sich die ausgewechselten Spieler an ein Ende der Bank und die drei Kinder vom anderen Bankende steigen schnell in das Spiel ein. Dann wird nachgerutscht, sodass in regelmäßigen Abständen jeder drankommt.